NEGERI YANG BERLIMPAH DENGAN SUSU DAN MADU

NEGERI YANG BERLIMPAH DENGAN SUSU DAN MADU

Dr. Jaerock Lee

NEGERI YANG BERLIMPAH DENGAN SUSU DAN MADU
oleh Dr. Jaerock Lee
Diterbitkan oleh Urim Books (Representatif: Kyungtae Noh)
73, Yeouidaebangro 22Gil, Dongjak Gu, Seoul Korea
www.urimbook.com

Hak Cipta © 2012 oleh Dr. Jaerock Lee
ISBN: 978-89-7557-576-1
Hak Cipta Terjemahan © 2009 oleh Dr. Esther K. Chung. Digunakan dengan izin.

Sebelumnya diterbitkan pada tahun 2007 ke dalam Bahasa Korea oleh Urim Books, Seoul, Korea.

Diterbitkan pertama kali pada bulan Mei 2012

Diedit oleh Dr. Geumsun Vin
Dirancang oleh Biro Editorial Urim Books
Untuk informasi lebih lanjut hubungi urimbook@hotmail.com

Kata Pengantar

Buku-buku sejarah yang menuliskan tentang fakta-fakta sejarah dari sebuah bangsa sering menjadi panduan yang baik bagi orang-orang generasi sesudahnya. Novel-novel yang berdasarkan fakta sejarah juga banyak dicintai orang. Saya juga dapat tahu tentang peperangan, persekutuan, strategi dari orang-orang yang berbeda, dan sikap hati mereka dengan membaca novel sastra klasik Cina *Kisah Tiga Negara*.

Tetapi catatan sejarah yang terbaik dan terhebat yang akan memandu hidup kita adalah Alkitab. Mulai dari sejak penciptaan dunia sampai hal-hal yang akan terjadi di masa depan, Alkitab mengandung sejarah umat manusia dari permulaan sampai akhir.

Allah memilih bangsa Israel dan menjadikan mereka sebagai contoh penanaman umat manusia. Ia tetap menunjukkan kasih-

Nya kepada mereka untuk membimbing mereka ke kerajaan surga yang indah. Secara khusus, catatan tentang penaklukan Tanah Kanaan tertulis di dalam kelima kitab Keluaran, Imamat, Bilangan, Ulangan, dan Yosua mengandung kasih Allah yang tidak berkesudahan dan kerinduan-Nya yang mendalam agar kita menjadi kudus.

Pemimpin Keluaran, baik Musa dan penerusnya, Yosua, percaya kepada Allah Yang Mahakuasa. Mereka mengikuti kehendak Allah dan menunjukkan tanda-tanda dan mukjizat yang ajaib. Mereka memuliakan Allah dengan kemenangan-kemenangan yang mereka raih. Kebalikannya adalah Firaun dan para pegawainya yang tidak menerima Allah Pencipta. Bukannya menerima Allah, mereka malah menentang Dia. Pada akhirnya, mereka pun tertimpa malapetaka dan kutuk.

Allah sungguh-sungguh merupakan Penguasa sejarah yang mengendalikan hidup, mati, keberuntungan, dan kemalangan setiap pribadi sama seperti kebangkitan dan kehancuran bangsa-bangsa.

Tetapi, apakah alasannya Tanah Kanaan disebut sebagai

negeri yang melimpah dengan susu dan madu?

Kejadian 10:19 berkata, *"Daerah orang Kanaan adalah dari Sidon ke arah Gerar sampai ke Gaza, ke arah Sodom, Gomora, Adma dan Zeboim sampai ke Lasa."* Tanah Kanaan adalah negeri yang berada di sebelah barat Sungai Yordan. Sekarang sebutannya adalah 'Palestina'. Tidak seperti padang gurun Mesir, Kanaan memiliki air yang melimpah dan tanah yang subur. Ternak dapat menghasilkan susu, dan tanah yang subur dipenuhi dengan bunga-bungaan sehingga manusia dapat memperoleh madu. Ada juga sebagian tanah yang tandus, tetapi ada banyak padang rumput di mana-mana. Dengan iklim yang sejuk, ada zaitun, anggur, delima, ara dan gandum. Daerah itu juga memiliki banyak ternak dan makanan laut yang melimpah.

Tanah Kanaan juga adalah Tanah Perjanjian Allah (Ulangan 11:9), dan secara rohani melambangkan kerajaan surga yang rindu untuk kita miliki. Proses bangsa Israel mengandalkan janji Allah dan menaklukkan negeri yang melimpah dengan susu dan madu secara rohani mewakili pertempuran rohani yang kita hadapi dalam kehidupan Kristen kita.

Saat kita melihat pada proses Keluaran, empat puluh tahun di padang gurun, menyeberangi Sungai Yordan, dan menaklukkan kota Yerikho dan kemudian Tanah Kanaan, kita dapat melihat perjalanan hidup yang menerima keselamatan dan bergerak menuju kerajaan surga.

Allah membawa orang Israel keluar dari Mesir dan membimbing mereka ke Tanah Kanaan yang melimpah dengan susu dan madu. Demikianlah, Ia ingin agar semua orang memiliki iman sejati dan menikmati istirahat kekal dalam kerajaan surga yang indah. Terlebih lagi, Ia menginginkan agar masing-masing kita memiliki iman yang menyenangkan Allah sehingga kita dapat menerima jawaban untuk apa pun yang kita minta dan melakukan segala hal dengan kuasa-Nya.

Buku ini, *Negeri yang Melimpah Dengan Susu dan Madu*, menapak tilas jejak-jejak langkah Musa dan Yosua, saat mereka bergerak maju hanya dengan iman dan kepercayaan pada janji Allah. Saya percaya bahwa para pembaca akan menerima berkat dan belajar tentang rahasia menerima jawaban dan berkat.

Mereka juga akan dapat menyadari pentingnya hal-hal yang terlihat sulit dalam kehidupan sehari-hari.

Saya berdoa dalam nama Tuhan bahwa para pembaca akan percaya pada semua janji Allah, menaklukkan Tanah Kanaan yang dipenuhi dengan susu dan madu, dan mengambil paksa kota Yerusalem Baru, tempat kediaman terbaik di kerajaan surga.

Yang terakhir, saya berterima kasih kepada Dr. Geumsun Vin, Direktur Biro Editorial, Gereja Manmin Pusat, dan kepada semua orang yang berdoa bagi tulisan ini.

Jaerock Lee

Kata Pengantar

Bab 1

"Menuntun Mereka Keluar dari Negeri Itu"

- Allah Memanggil Musa -

Keluaran 3:7-8

Dan TUHAN berfirman: "Aku telah memperhatikan dengan sungguh kesengsaraan umat-Ku di tanah Mesir, dan Aku telah mendengar seruan mereka yang disebabkan oleh pengerah-pengerah mereka, ya, Aku mengetahui penderitaan mereka. Sebab itu Aku telah turun untuk melepaskan mereka dari tangan orang Mesir dan menuntun mereka keluar dari negeri itu ke suatu negeri yang baik dan luas, suatu negeri yang berlimpah-limpah susu dan madunya."

Zaman sekarang kita hidup dalam era yang 'dibanjiri pengetahuan dan informasi,' dan komputer adalah salah satu alat yang meningkatkan pengetahuan serta informasi ke dalam dimensi yang lebih tinggi. Komputer beroperasi sesuai dengan program-program yang telah dimasukkan. Demikianlah, pemeliharaan Allah akan 'penanaman umat manusia' yang telah direncanakan sejak sebelum permulaan waktu dapat disamakan dengan sebuah program; program itu telah dioperasikan sampai detik ini tanpa ada kesalahan setitik pun. Bangsa yang dipilih untuk memenuhi pemeliharaan Allah ini adalah bangsa Israel.

Pembentukan Bangsa Israel

Allah merencanakan pemeliharaan 'penanaman umat manusia' dan menciptakan langit dan bumi dan segala yang ada di alam semesta untuk memperoleh anak-anak sejati yang dengannya Ia dapat berbagi kasih sejati-Nya. Allah membuat Adam, manusia pertama, berjalan bersamanya, dan memberikan kepadanya autoritas untuk memerintah atas segala sesuatu.

Adam dan Hawa tinggal di Taman Eden untuk suatu jangka

waktu. Karena mereka tidak sungguh-sungguh memahami kasih Allah, mereka tidak memegang firman-Nya secara mendalam di hati mereka. Akibatnya mereka tergoda oleh ular untuk memakan buah dari pohon pengetahuan tentang yang baik dan yang jahat. Sebagai akibat dari ketidaktaatan tersebut, mereka terusir dari Taman Eden dan harus mencari nafkah dengan bekerja keras dan berpeluh.

Dosa-dosa manusia semakin meningkat; bahkan sampai anak laki-laki Adam, Kain, membunuh adiknya sendiri, Habel. Pada zaman Nuh, seluruh dunia begitu dipenuhi oleh dosa sehingga Allah sampai menyesal telah menciptakan manusia. Ia akhirnya memutuskan untuk menghukum dunia. Ia menyuruh Nuh, satu-satunya orang benar pada saat itu, untuk mempersiapkan bahtera penyelamatan, dan menyuruhnya untuk menyampaikan pesan tentang hukuman itu.

Namun, orang-orang tidak mendengarkan Nuh. Akhirnya, setiap manusia di bumi kecuali ia dan keluarganya dihukum dengan air. Ajaibnya, bahkan huruf Cina memiliki jejak peristiwa ini. Sebagai contoh, huruf untuk 'kapal' adalah '船'. Ini adalah kombinasi dari 'bahtera' (舟) dengan angka 'delapan' (八), dan 'mulut' (口).

Pada hari itu juga masuklah Nuh serta Sem, Ham dan Yafet, anak-anak Nuh, dan isteri Nuh, dan ketiga isteri anak-anaknya bersama-sama dengan dia, ke dalam bahtera itu (Kejadian 7:13).

Ini berarti bahwa kedelapan anggota keluarga Nuh masuk ke dalam bahtera, karena 'mulut' di dalam huruf Cina juga merujuk pada 'mulut yang makan bersama', yang berarti 'keluarga'.

Sungguh suatu tragedi bahwa umat manusia jatuh ke dalam maut karena dosa Adam, tetapi dalam pengertian lain ada juga pemeliharaan dari 'penanaman umat manusia'. Allah memilih seorang yang benar untuk memenuhi pemeliharaan-Nya. Orang itu adalah Abraham, yang disebut sebagai 'bapa orang beriman'.

Sekitar 4.000 tahun yang lalu, Allah menetapkan Abraham sebagai bapa orang beriman dan berjanji kepadanya bahwa Ia akan memberinya keturunan yang tidak terhitung banyaknya. Allah memanggilnya dan membawanya keluar dari Ur di Kaldea (salah satu kota besar di Mesopotamia kuno), dan memberinya Tanah Kanaan.

Setelah Lot berpisah dari pada Abram, berfirmanlah TUHAN kepada Abram: "Pandanglah sekelilingmu dan lihatlah dari tempat engkau berdiri itu ke timur dan barat, utara dan selatan, sebab seluruh negeri yang kaulihat itu akan Kuberikan kepadamu dan kepada keturunanmu untuk selama-lamanya. Dan Aku akan menjadikan keturunanmu seperti debu tanah banyaknya, sehingga, jika seandainya ada yang dapat menghitung debu tanah, keturunanmupun akan dapat dihitung juga. Bersiaplah, jalanilah negeri itu menurut panjang dan lebarnya, sebab kepadamulah akan Kuberikan negeri itu." (Kejadian 13:14-17).

Lalu TUHAN membawa Abram ke luar serta
berfirman: "Coba lihat ke langit, hitunglah bintang-
bintang, jika engkau dapat menghitungnya." Maka
firman-Nya kepadanya: "Demikianlah banyaknya
nanti keturunanmu." (Kejadian 15:5).

Allah mengatakan kepada Abraham apa yang akan terjadi
terhadap keturunan-keturunannya. Allah memberitahunya
bahwa keturunannya akan menjadi budak di Mesir selama 400
tahun dan kemudian mereka akan kembali ke Tanah Kanaan.

Firman TUHAN kepada Abram: "Ketahuilah
dengan sesungguhnya bahwa keturunanmu akan
menjadi orang asing dalam suatu negeri, yang
bukan kepunyaan mereka, dan bahwa mereka akan
diperbudak dan dianiaya, empat ratus tahun lamanya.
Tetapi bangsa yang akan memperbudak mereka,
akan Kuhukum, dan sesudah itu mereka akan keluar
dengan membawa harta benda yang banyak. Tetapi
engkau akan pergi kepada nenek moyangmu dengan
sejahtera; engkau akan dikuburkan pada waktu telah
putih rambutmu. Tetapi keturunan yang keempat akan
kembali ke sini, sebab sebelum itu kedurjanaan orang
Amori itu belum genap." (Kejadian 15:13-16).

Abraham memperoleh anaknya Ishak pada usia seratus
tahun. Ishak memiliki dua anak, Esau dan Yakub. Esau

memiliki hak kelahiran untuk menerima berkat Allah sebagai anak sulung, tetapi ia sangat lapar sehingga ia menjual hak kesulungannya kepada adiknya Yakub demi semangkuk sup kacang merah (Kejadian 25:30-34).

Menjual hak kesulungan bukanlah sesuatu yang sepele. Hal itu membuktikan bahwa Esau menganggap remeh berkat bagi anak sulung dan ia juga tidak percaya kepada Allah yang mengendalikan segala sesuatu. Allah memberikan kepada kita peringatan ini supaya kita tidak menjadi salah satu dari orang yang cabul atau bernafsu rendah seperti Esau yang tidak menginginkan berkat rohani dan mengabaikan hak kelahiran.

Janganlah ada orang yang menjadi cabul atau yang mempunyai nafsu yang rendah seperti Esau, yang menjual hak kesulungannya untuk sepiring makanan. (Ibrani 12:16).

Sebaliknya, saudaranya Yakub sangat merindukan berkat rohani dan mengambilnya dengan paksa. Ia cukup cerdik untuk menipu ayahnya Ishak dan menerima berkat sebagai anak sulung. Tetapi hatinya yang rindu akan berkat rohani dianggap lebih baik di mata Allah.

Allah berencana untuk memenuhi pemeliharaan-Nya melalui keturunan Yakub dan memurnikannya untuk waktu yang lama.

Yakub meninggalkan rumahnya selama dua puluh tahun, melarikan diri dari kakaknya yang marah, dan ia menyadari bahwa ia tidak dapat melakukan apa-apa dengan kekuatan dan rancangannya sendiri. Kebenarannya sendiri telah dipatahkan sepenuhnya dan ia berubah menjadi jenis orang yang dirindukan oleh Allah. Ia menerima nama baru, 'Israel' dan ia memiliki dua belas anak laki-laki yang membentuk dua belas suku Israel. Keturunan dari suku Yehuda adalah bangsa Yahudi yang telah membangun kembali negara Israel sekarang.

Firman Allah kepadanya: "Namamu Yakub; dari sekarang namamu bukan lagi Yakub, melainkan Israel, itulah yang akan menjadi namamu." Maka Allah menamai dia Israel. Lagi firman Allah kepadanya: "Akulah Allah Yang Mahakuasa. Beranakcuculah dan bertambah banyak; satu bangsa, bahkan sekumpulan bangsa-bangsa, akan terjadi dari padamu dan raja-raja akan berasal dari padamu. Dan negeri ini yang telah Kuberikan kepada Abraham dan kepada Ishak, akan Kuberikan kepadamu dan juga kepada keturunanmu." (Kejadian 35:10-12).

Bagaimana Bangsa Israel Bisa Berada di Mesir?

Lalu, mengapa Allah mengizinkan bangsa Israel mengalami penderitaan selama 400 tahun di Mesir?

Mari saya berikan anda sebuah contoh. Seandainya ada

seorang anak yang berdoa kepada Allah meminta agar ia dijadikan presiden di negaranya. Tentu saja Allah tidak dapat segera menjawab doa anak itu. Allah memenuhi segala sesuatu dalam tatanan yang sesuai menurut prinsipnya. Sehingga Ia akan membimbing anak ini untuk memiliki kualitas agar dapat menjadi presiden. Allah akan membimbingnya pada jalan tercepat untuk menyelesaikan studinya dan memperoleh berbagai pengalaman.

Demikianlah, Allah berjanji kepada Abraham untuk membuat keturunannya menjadi bangsa yang besar, tetapi sebuah bangsa yang besar tidak dapat terbentuk dengan segera. Saat keluarga Yakub pergi ke Mesir, jumlah anggota keluarganya hanya tujuh puluh. Untuk membuat satu keluarga ini menjadi sebuah bangsa yang besar, Ia menggunakan hikmat-Nya yang luar biasa.

Mereka harus memiliki kekuatan sampai Israel membentuk sebuah bangsa yang besar. Jika jumlah mereka bertambah banyak di antara begitu banyak negara-negara bersuku, mereka akan diserang oleh negeri-negeri kecil itu. Maka, untuk melindungi Israel, Allah memilih Mesir.

Mesir memiliki raja mereka sejak dari sekitar 3.000 SM dan negeri itu telah berkembang menjadi suatu peradaban yang mengagumkan. Mesir memiliki salah satu sejarah yang tertua di dunia dan berkembang dari peradaban Mesopotamia.

Allah merancang agar Yusuf, anak kesebelas Yakub, pergi ke Mesir dan membuatnya menyelamatkan negara itu dari bencana kelaparan tujuh tahun yang melanda Timur Tengah. Alasan mengapa Yusuf dipakai untuk memenuhi pemeliharaan Allah adalah karena ia memiliki hati yang benar dan layak. Ia memiliki hati yang baik dan hikmat yang sempurna yang cukup bahkan untuk melakukan pelayanan besar dalam menyelamatkan Mesir.

Yusuf dilahirkan dari Rahel. Karena Rahel adalah istri yang paling dicintai Yakub, maka ia menunjukkan pilih kasih terhadap Yusuf. Hal ini membuat Yusuf dibenci oleh kakak-kakaknya yang merupakan anak dari istri-istri yang lain. Ia menjadi semakin dibenci oleh saudara-saudaranya ketika ia menceritakan mimpinya. Akhirnya, ia pun dijual ke Mesir sebagai budak kepada Potifar, seorang pegawai Firaun.

Yusuf meninggalkan rumahnya dan ayahnya dan dalam semalam ia telah menjadi seorang budak di negeri asing.

Tetapi ia tidak jatuh ke dalam perbuatan yang tercela atau menyerah pada hidupnya karena ia percaya kepada Allah. Ia selalu melakukan yang terbaik di dalam keadaan apa pun.

Ia menjaga harta tuannya seperti miliknya sendiri, dan ia berhati-hati serta setia dalam bertindak sesuai hati tuannya. Ia juga memperlakukan saudara-saudaranya yang telah menjualnya itu dengan kebaikan (Kejadian 45:3-8). Allah memberkati segala milik Potifar sejak Yusuf menjadi kuasa atas segala kepunyaan tuannya.

Prinsip yang sama ini dapat diterapkan bahkan sampai hari ini. Walaupun kita memiliki masalah atau keadaan yang sulit, tetapi jika kita mengasihi Allah dan hidup menurut firman-Nya, kasih dan belas kasihan-Nya akan turun atas kita. Kita akan diakui dalam segala kewajiban kita dan menerima berkat. Yang paling penting adalah seberapa banyak kita menyembah Allah, berbuat setia dalam segala hal, dan seberapa banyak kita menaati firman Allah dengan berjalan dalam jalan kebenaran.

Yusuf menghadapi suatu ujian yang besar. Saat ia memperoleh kepercayaan tuannya dan diangkat menjadi kuasa atas rumah tangga tuannya, istri tuannya mulai menggodanya. Ia tidak mau melakukan dosa di hadapan Allah; ia juga mau menjaga kepercayaan tuannya. Ia dengan tegas menolak usaha perempuan itu untuk merayunya. Istri Potifar kemudian membuat tuduhan palsu dengan mengatakan bahwa Yusuf telah mencoba memaksa untuk tidur dengannya. Akhirnya ia dimasukkan ke dalam penjara di mana tawanan-tawanan Firaun dikurung.

Yusuf adalah orang yang dipilih untuk memenuhi pemeliharaan Allah, dan mengapa ia harus menderita begitu banyak kesulitan—dijual ke negara lain sebagai seorang budak, dan apalagi dikenakan tuduhan palsu dan dimasukkan ke dalam penjara?

Agar Yusuf memiliki kemampuan dan kualitas untuk menjadi perdana menteri Mesir pada usia tiga puluh yang masih muda, ia harus mempelajari banyak hal. Dengan menjadi manajer di rumah Potifar, seorang pegawai Firaun, ia belajar tentang ekonomi dan perekonomian. Di dalam penjara, dimana ada banyak tawanan politik, ia belajar banyak hal tentang menjalankan sebuah negara dan juga politik sambil meningkatkan pengetahuan dan hikmatnya.

Ia juga bertemu banyak tipe orang sehingga ia belajar bagaimana mengelola sumber daya manusia, dan ia juga belajar tentang penipuan, pengkhianatan, dan kelicikan hati manusia. Ini adalah salah satu program yang Allah miliki bagi Yusuf; Allah ingin agar ia memerintah sebuah negeri dan merangkul rakyatnya dengan kasih dan kemurahan hati. Itulah mengapa Alkitab berkata, bahkan setelah Yusuf dipenjara, *"Karena TUHAN menyertai dia dan apa yang dikerjakannya dibuat TUHAN berhasi."* (Kejadian 39:23).

Akhirnya, Allah memulai rencana-Nya untuk membuat Yusuf menyelamatkan Mesir dari malapetaka besar. Pada saat itu kepala juru minuman dan kepala juru roti Firaun dihukum dan dimasukkan ke dalam penjara di mana Yusuf berada.

Pada suatu hari mereka masing-masing mengalami mimpi, dan seperti yang ditafsirkan oleh Yusuf terhadap masing-masing mimpi, satu di antaranya dihukum mati dan yang lainnya dipulihkan kedudukannya oleh Firaun.

Dua tahun setelah itu, Firaun mengalami mimpi yang aneh. Pada saat itu, kepala juru minuman teringat bahwa ia dipulihkan pada kedudukannya semula seperti yang sudah ditafsirkan oleh Yusuf dari mimpinya. Oleh rekomendasinya, Yusuf dibawa ke hadapan Firaun dan menafsirkan dengan jelas mimpi yang dialami Firaun.

Mimpi Firaun itu menjadi pertanda akan datangnya tujuh

tahun kelimpahan dan tujuh tahun kelaparan. Yusuf tidak hanya menafsirkan mimpi itu, tetapi ia juga memberi tahu mereka bagaimana mempersiapkan diri untuk menghadapinya. Demikianlah bagaimana Mesir dapat siap pada saat kelaparan tiba.

Hanya ada sedikit pengairan pada saat itu, sehingga orang-orang harus mengandalkan hujan untuk pertanian. Tujuh tahun kelaparan berarti kematian. Yusuf memberi tahu mereka tentang bencana besar yang bahkan akan menghancurkan seluruh negeri itu. Bukan hanya itu, tetapi ia juga memberi mereka cara-cara dan rencana untuk menghadapinya. Pastilah Firaun merasa sangat berterima-kasih!

Lalu berkatalah Firaun kepada para pegawainya: "Mungkinkah kita mendapat orang seperti ini, seorang yang penuh dengan Roh Allah?" Kata Firaun kepada Yusuf: "Oleh karena Allah telah memberitahukan semuanya ini kepadamu, tidaklah ada orang yang demikian berakal budi dan bijaksana seperti engkau. Engkaulah menjadi kuasa atas istanaku, dan kepada perintahmu seluruh rakyatku akan taat; hanya takhta inilah kelebihanku dari padamu." Selanjutnya Firaun berkata kepada Yusuf: "Dengan ini aku melantik engkau menjadi kuasa atas seluruh tanah Mesir." (Kejadian 41:38-41).

Firaun menerima anugerah besar dari Yusuf. Ia menerima anggota keluarga Yusuf, yaitu suku Israel yang juga mengalami bencana kelaparan, masuk ke Mesir.

Dengan begini, bnaghsa Israel dapat tinggal dengan aman dan nyaman, bahkan selama tujuh tahun bencana kelaparan itu. Di Mesir jumlah mereka menjadi berlipat ganda.

Kelahiran Musa dan Pencobaan yang Dialaminya

Yusuf kemudian mati dan Firaun yang berkuasa pada masa itu, juga mati seiring waktu berlalu. Kemudian berkuasalah seorang Firaun di Mesir yang tidak mengenal Yusuf. Karena jumlah orang israel bertambah banyaknya, maka Firaun ini menjadi takut dan mencoba untuk mengawasi mereka.

Untuk menghentikan agar Israel tidak berkembang menjadi bangsa yang besar, maka ia memerintahkan untuk membunuh semua bayi laki-laki Ibrani yang baru lahir. Ia menjadikan orang Israel sebagai budaknya dan menganiaya mereka. Itu adalah rencananya untuk menghancurkan Israel secara keseluruhan dengan pelan-pelan membunuhi bayi laki-laki yang baru lahir.

Allah berjanji bahwa Israel akan membentuk sebuah bangsa yang besar, tetapi mereka malah berada dalam bahaya kepunahan. Dan Musa dilahirkan pada masa kelam ini.

Oleh perintah firaun, Musa juga seharusnya di bunuh sat ia dilahirkan, tetapi ibunya tidak sanggup membunuhnya. Ia menyembunyikan Musa selama tiga bulan karena dilihatnya anaknya elok rupanya. Tetapi saat ia tidak dapat lagi menyembunyikannya, ia menaruh bayinya di sebuah keranjang dan meletakkannya di tepian sungai Nil.

Sang putri, anak perempuan Firaun pergi kesana untuk mandi. Ia mel;iahat bayi itu lalu mengambilnya. Secara mengejutkan, ibu kandung Musa, Yokhebed, menjadi ibu susunya, dan ia dapat mengajari Musa tentang bangsa Israel dan iman kepada Allah dari sejak ia masih kanak-kanak. Semua ini terjadi dalam rencana Allah.

Allah menyelamatkannya dari kematian dan membuatnya mempelajari segala hal terbaik di dalam istana Firaun. Pada saat yang sama, Allah juga membuatnya diajari tentang bangsanya dan iman kepada Allah dari ibunya.

Sebagai seorang pangeran Mesir, Musa tidak senang pada kehidupan gemerlap di istana, tetapi ia selalu memikirkan tentang nasib bangsanya yang sedanga menderita. Pada suatu hari, ia melihat seorang laki-laki Mesir memukuli seorang Ibrani, dan dalam kemarahannya ia membunuh orangMesir itu.

Ketika hal ini terungkap, Musa melarikan diri ke tanah Midian. Tidak ada lagi kehidupan mewah sebagai seorang pangeran dari sebuah kerajaan besar. Ia hanya memiliki kehidupan yang sukar di padang gurun. Rencana-rencananya untuk masa depan dan juga pengharapan bagi bangsanya semua hilang.

Pastilah ia merasa begitu susah dan takut akan keadaannya yang malang. Tetapi seiring dengan berlalunya waktu, ia kemudian membuang keangkuhan dan kebanggaan dan kepercayaan diri sebagai seorang pangeran. Ia tinggal bersama Yitro, seorang imam Midian, dan kemudian menjadi menantunya. Ia kemudian menjadi seorang gembala biasa. Ia belajar bagaimana menggembalakan kawanan domba, dan ia sepenuhnya merendahkan dirinya sendiri. Dalam satu pengertian ia menjadi seorang hamba Allah dengan sedikit kepantasan untuk memenuhi rencana Allah. Pada saat ia menjadi seorang pangeran, ia memiliki kepercayaan diri dan autoritas untuk dapat melakukan sesuatu yang besar bagi orang Israel. Tapi sekarang, ia hampir saja menjadi buronan dan menjadi orang rendahan yang tidak dapat melakukan apapun bagi Allah.

Demikianlah, Musa mematahkan egonya dan kebenarannya sendiri sepenuhnya dan menjadi sebuah alat yang dapat dipakai Allah.

Orang yang Dipakai Allah

Tipe orang yang dapat dipakai Allah bukanlah orang dengan hikmat dan kemampuannnya sendiri. Orang itu haruslah mengandalkan Allah sepenuhnya, mematahkan pemikirannya serta sepenuhnya menyangkal dirinya sendiri untuk membuat ketaatannya penuh. Itu karena kita tidak dapat mengalahkan Iblis dan memenuhi pemeliharaan Allah hanya dnegan pemikiran dan kemampuan manusia.

Roma 8:7-8 berkata, *"Sebab keinginan daging adalah*

perseteruan terhadap Allah; karena ia tidak takluk kepada hukum Allah, hal ini memang tidak mungkin baginya. Mereka yang hidup dalam daging, tidak mungkin berkenan kepada Allah." Seperti yang tertulis, jika kita memiliki pikiran daging, dan bukan pikiran roh, maka kita tidak dapat taat pada firman Allah.

Saat Raja Saul menyerang bangsa Amalek, Allah memberitahunya untuk menghancurkan segala yang ada. Tetapi Saul menangkap raja Amalek dan membawa pulang hewan-hewan terbaik dari kawanan domba. Menurutnya adalah itu lebih baik dan ia melanggar firman Allah. Seberapapun baik kelihatannya di antara manusia, jika hal itu melanggar firman Allah, hal itu sudah pasti bukanlah merupakan gagasan yang baik.

Meskipun kita membawa hal-hal yang baik untuk dipersembahkan kepada Allah, jika itu melawan firman Allah, Allah tidak dapat menerimanya. Itulah mengapa 1 Samuel 15:22 berkata bahwa ketaatan adalah lebih baik dari pengorbanan. Raja Saul tetap tidak taat pada firman Allah, ia menjadi sombong dan dibuang Allah. Pada akhirnya, ia harus menghadapi kematian yang menyedihkan saat perang di Gilboa.

Sebaliknya, Petrus yang menjadi salah satu dari murid-murid Yesus, menaati firman Yesus dan mengalami sesuatu yang sangat ajaib. Petrus bekerja sepanjang malam tetapi tidak menangkap seekor ikan pun. Yesus memberitahunya untuk melemparkan jala hingga ke dalam.

Petrus berkata, *"Guru, telah sepanjang malam kami bekerja keras dan kami tidak menangkap apa-apa, tetapi karena Engkau menyuruhnya, aku akan menebarkan jala juga."* (Lukas 5:5). Saat ia taat, ia menangkap begitu banyak ikan sehingga jalanya hampir robek.

Jika Petrus berkata, "Guru, aku tahu cara memancing dengan sangat baik. Aku begitu lelah setelah bekerja semalaman, dan kami sudah selesai bekerja. Rasanya sangat sulit untuk pergi lebih dalam lagi dan menurunkan jala," maka pekerjaan Allah tidak akan pernah terjadi.

Dan juga, sebelum Yesus pergi ke Yerusalem, Ia meminta kepada dua orang dari murid-murid-Nya untuk pergi ke desa seberang dan membawa seekor keledai betina yang terikat di sana dan seekor anak keledai yang menyertainya (Matius 21:23). Para murid tidak menggunakan pemikiran mereka sendiri tetapi hanya taat, dan mereka melakukan seperti yang dikatakan oleh Yesus.

Hal yang penting dari bejana yang dipakai Allah adalah seberapa taat mereka pada firman Allah sampai akhir. Abraham, Yakub, Yusuf, dan para bapa iman lainnya taat pada firman Allah hanya dengan 'Ya' dan 'Amin' dan itulah sebabnya Allah dapat memakai mereka.

Allah masih mencari orang-orang yang taat. Ia menginginkan orang yang mau membuang semua teori, pengetahuan, dan keadaannya dan hanya taat sepenuhnya pada kehendak Allah.

Agar Musa dapat taat kepada Allah dan memenuhi

pemeliharaan-Nya, maka ia harus merendahkan diri sepenuhnya dengan tinggal di padang gurun selama empat puluh tahun. Selama masa ini, Musa menyadari sepenuhnya bahwa tidak ada yang dapat dilakukan dengan hikmat, kemampuan, atau metodenya sendiri.

Dengan melihat pada pemeliharaan Allah, kita dapat melihat bahwa angka juga memiliki makna rohani. Musa melarikan diri dari Mesir pada usia empat puluh tahun dan melalui masa pemurnian selama empat puluh tahun. Kita dapat melihat bahwa penderitaan berhubungan dengan angka 'empat'.

Orang israel juga menderita di Mesir selama empat ratus tahun dan Musa berpuasa selama empat puluh tahun untuk menerima Sepuluh Perintah Allah.

Musa Dipanggil

Selama menggembalakan ternak di padang gurun selama empat puluh tahun, Musa belajar tentang kesabaran dan kelemahlembutan untuk merangkul lebih dari dua juta orang di masa depan. Saat itulah Allah muncul di hadapannya. Bahkan saat Musa sedang melalui pencobaan-pencobaan untuk memurnikan dirinya di padang gurun, aniaya dan perbuadakan atas bangsa Israel masih terjadi.

Bani Israel mengeluhkan perbudakan itu, dan mereka berseru-seru, dan tangisan permintaan tolong mereka serta perbudakan mereka itu naik kepada Allah. Allah memutuskan untuk menyelamatkan bangsa Israel dan muncul ke hadapan Musa.

Pada suatu hari, Musa sedang menggembalakan ternak di Gunung Horeb, dan ia melihat semak-semak yang terbakar api tetapi tidak menjadi hangus. Ia mendekat ke arah semak-semak itu. Pada saat itu Allah memanggil Musa

Ketika dilihat TUHAN, bahwa Musa menyimpang untuk memeriksanya, berserulah Allah dari tengah-tengah semak duri itu kepadanya: "Musa, Musa!" (Keluaran 3:4).

Saat Allah memanggilnya, Musa menjawab, "Ini aku." Lalu Ia berfirman: *"Janganlah datang dekat-dekat: tanggalkanlah kasutmu dari kakimu, sebab tempat, di mana engkau berdiri itu, adalah tanah yang kudus."* (Keluaran 3:2-5).

Saat itu malaikat TUHAN muncul sebagai api di semak-semak untuk menunjukkan kuasa Allah. Semak-semak itu tentu saja terkena api, tetapi tidak menjadi hangus. Hal itu terjadi untuk membuat Musa sadar melalui kuasa Allah bahwa ada alam rohani.

Allah juga menyuruh Musa untuk membuka kasutnya. Itu karena bagian yang paling tidak bersih dari tubuh adalah kaki. Padahal, bagian paling kotor dari manusia adalah hati. Manusia membunuh, berzina, dan mencuri karena kejahatan di dalam hati (Matius 15:18-20). Saat Allah menuruh Musa untuk membuka kasutnya, ada maksud di baliknya bahwa Allah ingin agar manusia membuang dosa dan dikuduskan. Dengan kata lain, Allah menginginkan penyunatan hati untuk menguduskan hati kita.

Tetapi selama masa Perjanjian Lama, sunat tidak dilakukan di dalam hati, melainkan pada tubuh. Itulah sebabnya Allah berbicara secara simbolis tentang membuka kasut dari kaki.

Kemudian, Allah menyuruh Musa untuk membawa orang Israel keluar dari Mesir. Itu bukanlah hal yang mudah bagi Musa. Ia hanyalah seorang penggembala domba sekarang, dan bahkan jika ia kembali, tidak ada dukungan yang kuat bagi dirinya.

Ia sedang menderita sekarang. Sudah pasti Firaun tidak akan melepaskan bangsa Israel. Bahkan sepertinya bangsanya sendiri tidak akan mengikutinya.

Tetapi Musa berkata kepada Allah: "Siapakah aku ini, maka aku yang akan menghadap Firaun dan membawa orang Israel keluar dari Mesir?" (Keluaran 3:11).

Allah tahu tentang pikiran Musa yang susah dan Ia tidak begitu saja mengirimnya. Allah memberitahunya secara detil apa yang harus dikatakan kepda orang Israel dan Firaun, dan bahwa Firaun tidak akan begitu saja membebaskan orang Israel, dan bahwa akan ada berbagai tulah di Mesir.

Allah bahkan memberitahunya bahwa ketika orang Israel akan keluar, mereka tidak akan pergi dengan tangan kosong tetapi dengan emas dan perak dengan jumlah yang banyak, dan pakaian orang Mesir.

Allah juga memperlihatkan sebuah bukti. Saat Musa mengikuti petunjuk Allah untuk melemparkan tongkatnya, maka tongkat itu berubah menjadi ular. Saat Musa memegang ekornya, ular itu kembali menjadi tongkat. Saat ia meletakkan tangan ke dalam jubahnya, lalu mengeluarkannya, tangannya terkena kusta yang putih seperti salju. Saat ia memasukkan tangannya kembali, ia dipulihkan dari penyakit kusta itu.

Setelah mendengar firman Allah dan melihat tanda-tanda dari Allah, Musa meninggalkan Mesir dengan tongkat itu, seperti yang diperintahkan Allah kepadanya. Secara rohani, 'tongkat' merujuk pada iman. Sama seperti kita menggunakan tongkat untuk menyangga kaki kita, maka kita juga dapat melakukan hal apa pun yang mustahil dengan kekuatan kita, tetapi hanya jika kita memiliki iman kepada Allah Yang Mahakuasa.

Karena Musa sangat megetahui kekurangan-kekurangannya, ia juga takut dan agak malu, tetapi ia mengandalkan imannya saja dalam perjalanannya yang mengancam jiwa itu.

Standar untuk Membedakan Orang Pilihan Allah

Ketika Musa datang keapda orang Israel untuk memenuhi pemeliharaan Allah, Allah membuktikan bahwa Musa adalah orang pilihan Allah bukan hanya dengan perkataan, tetapi juga dengan tanda-tanda yang mengikuti perkataannya.

Saat apa yang dikatakan oleh Musa menjadi kenyataan, dan

saat ia melakukan perbuatan-perbuatan penuh kuasa yang tidak dapat dilakukan oleh manusia, maka tidak ada seorang pun yang dapat menyangkal bahwa Allah beserta dia.

Keluaran 7:1 berkata, *"Berfirmanlah TUHAN kepada Musa: 'Lihat, Aku mengangkat engkau sebagai Allah bagi Firaun, dan Harun, abangmu, akan menjadi nabimu.'"* Seperti yang tertulis, karena pekerjaan-pekerjan penuh kuasa yang dimanifestasikan melalui Musa, ia dianggap allah oleh Firaun dan juga bangsa Israel. Karena Allah membuat Musa terlihat seperti allah, Firaun terlalu takut untuk membunuhnya.

Bahkan sampai sekarang, bangsa Yahudi menganggap Musa sebagai nabi dan guru terbesar dan paling dihormati. Sama seperti kita dapat melihat orang seperti apa Musa itu lewat firman Allah yang dimanifestasikan melaluinya, kita juga dapat membedakan orang pilihan Allah oleh buahnya.

Dalam Ulangan 18:22, kita menemukan, *"Apabila seorang nabi berkata demi nama TUHAN dan perkatannya itu tidak terjadi dan tidak sampai, maka itulah perkataan yang tidak difirmankan TUHAN; Dengan terlalu berani nabi itu telah mengatakannya, maka janganlah gentar kepadanya."* Kita dapat melihat apakah seseorang didukung oleh Allah atau tidak dengan melihat buah dari perkataannya.

Sebagai contoh, orang yang didukung oleh Allah melayani dan mengasihi setiap orang dan setia dalam segenap rumah Allah, sehingga ia dipuji oleh orang lain. Terlebih lagi, ia juga akan melakukan pekerjaan-pekerjaan ajaib yang dilakukan oleh Musa, rasul Paulus, dan Petrus.

Sekitar 3.400 tahun lalu, Allah mengirim Musa dan menyelamatkan bani Israel dari Mesir. Dan di setiap kejadian, Ia mengirimkan orang-orang pilihan-Nya untuk menyelamatkan umat-Nya.

Bahkan di masa kini dimana kegelapan meliputi dunia, Allah ingin membimbing umat-Nya melalui orang-orang pilihan-Nya yang taat kepada-Nya. Ia ingin menyaksikan kepada Diri-Nya sendiri melalui kuasa-Nya dan menyelamatkan banyak orang dari dunia ini yang diumpamakan dengan Mesir. Ia ingin membawa mereka ke Tanah Kanaan, yaitu kerajaan surga, dan negeri yang berlimpah dengan susu dan madu.

Bab 2

"Aku Mengangkat Engkau Sebagai Allah"

- Kesepuluh Tulah -

Keluaran 7:1-7

Berfirmanlah TUHAN kepada Musa: "Lihat, Aku mengangkat engkau sebagai Allah bagi Firaun, dan Harun, abangmu, akan menjadi nabimu. Engkau harus mengatakan segala yang Kuperintahkan kepadamu, dan Harun, abangmu, harus berbicara kepada Firaun, supaya dibiarkannya orang Israel itu pergi dari negerinya. Tetapi Aku akan mengeraskan hati Firaun, dan Aku akan memperbanyak tanda-tanda dan mujizat-mujizat yang Kubuat di tanah Mesir. Bilamana Firaun tidak mendengarkan kamu, maka Aku akan mendatangkan tangan-Ku kepada Mesir dan mengeluarkan pasukan-Ku, umat-Ku, orang Israel, dari tanah Mesir dengan hukuman-hukuman yang berat. Dan orang Mesir itu akan mengetahui, bahwa Akulah TUHAN, apabila Aku mengacungkan tangan-Ku terhadap Mesir dan membawa orang Israel keluar dari tengah-tengah mereka." Demikianlah diperbuat Musa dan Harun; seperti yang diperintahkan TUHAN kepada mereka, demikianlah diperbuat mereka. Adapun Musa delapan puluh tahun umurnya dan Harun delapan puluh tiga tahun, ketika mereka berbicara kepada Firaun.

"Ayo! Terus kerja!"

Di bawah deraan cambuk para mandor terhadap mereka, keadaan perbudakan bangsa Israel sangat memprihatinkan. Lebih dari empat puluh tahun telah berlalu sejak Msua melarikan diri ke padang gurun Midian, dan keadaan perbudakan itu telah menjadi semakin buruk. Di antara kerja paksa yang demikian berat, bani Israel mencari Allah yang pernah mereka dengar dari nenek moyang mereka.

Lama sesudah itu matilah raja Mesir. Tetapi orang Israel masih mengeluh karena perbudakan, dan mereka berseru-seru, sehingga teriak mereka minta tolong karena perbudakan itu sampai kepada Allah. (Keluaran 2:23).

Masa empat ratus tahun di Mesir adalah waktu yang cukup lama. Di negeri asing dimana ada begitu banyak dewa-dewa asing, iman bangsa Israel kepada Allah memudar sedikit demi sedikit. Tangisan mereka tidak sungguh-sungguh berasal dari iman kepada Allah, melainkan merupakan permohonan mereka kepada Allah untuk dibebaskan dari perbudakan yang kejam. Sebenarnya mereka hanya mengharapkan kesempatan dalam bentuk apa pun.

Musa Pergi ke Hadapan Firaun dengan Hanya Mengandalkan Iman

Orang Mesir membuat bangsa Israel membangun kota Fitom dan Ramses, membuat bata, dan mengerjakan pertanian bagi mereka. Bangsa Mesir sangat diuntungkan atas kerja paksa orang Israel.

Musa dulu pernah menjadi seorang pangeran di Mesir, tetapi kini ia hanya seorang buronan dan gembala. Tidak ada peluang bahwa Firaun akan membebaskan orang Israel hanya oleh tuntutan Musa. Sebaliknya, dalam keadaan yang sedemikian Musa dapat dianggap sebagai orang gila, atau ia bisa dihukum mati karenanya.

Hal itu terasa sungguh mustahil jika ia memikirkannya dengan pemikiran manusia. Tetapi Allah menyertai dia. Allah Sendiri yang membuktikan perkataan Musa dan menjanjikan bahwa ia akan dapat menampilkan kuasa Allah. Musa kuatir karena ia bukanlah orang yang pandai bicara, dan Allah menunjuk Harun sebagai orang yang akan berbicara baginya. Allah membuat Musa seperti Allah kepada Harun.

Sebelum Musa tiba di Mesir, Allah telah muncul ke hadapan Harun dan menyuruhnya untuk pergi ke Gunung Horeb dan menemui Musa di sana. Saat Musa bertemu dengan Harun saudaranya, ia mengatakan kepadanya tentang setiap firman dan tanda yang telah Allah berikan kepadanya.

Musa tiba di Mesir dan memanggil semua tua-tua Israel. Ia berkata, "Wahai para tetua, Allah mendengar tangisan kalian dan telah mengirim aku untuk menyelamatkan kalian dari penderitaan." Sebagai buktinya, Musa menunjukkan kepada mereka tongkat yang berubah menjadi ular dan kembali lagi menjadi tongkat, dan tangan yang berubah menjadi terkena kusta dan kemudian sembuh. Mereka menundukkan kepalanya dengan hormat dan mengakui Musa.

Musa dan Harun dengan berani datang ke hadapan Firaun dengan harapan dan keinginan menyala-nyala bangsa mereka. Mereka menyampaikan pesan bahwa Allah telah menyuruh mereka untuk membawa orang Israel keluar dari negeri itu ke padang gurun untuk mempersembahkan korban kepada Allah. Namun, yang terjadi tidaklah semudah yang mereka pikirkan.

Tetapi Firaun berkata: "Siapakah TUHAN itu yang harus kudengarkan firman-Nya untuk membiarkan orang Israel pergi? Tidak kenal aku TUHAN itu dan tidak juga aku akan membiarkan orang Israel pergi." (Keluaran 5:2).

Firaun mengeraskan hatinya dan ia tidak mengindahkan perintah Allah. Bukannya melepaskan bangsa Israel, ia malah menganggap bahwa mereka memikirkan hal-hal seperti itu karena mereka memiliki banyak waktu luang. Akibatnya ia membuat pekerjaan mereka menjadi semakin berat dan bersikap semakin keras kepada mereka. Aniayanya semakin parah.

Sesudah itu pergilah para mandor Israel kepada Firaun dan mengadukan halnya kepadanya: *"Mengapakah tuanku berlaku seperti itu terhadap hamba-hambamu ini? Jerami tidak diberikan lagi kepada hamba-hambamu ini tetapi walaupun begitu, kami diperintahkan: 'Buatlah batu bata!'"* (Ayat 15-16)

Tetapi tanggapan Firaun sangat dingin.

Pemalas kamu, pemalas! Itulah sebabnya kamu berkata: "Izinkanlah kami pergi mempersembahkan korban kepada TUHAN." Jadi sekarang, pergilah, bekerja! Jerami tidak akan diberikan lagi kepadamu, tetapi jumlah batu bata yang sama harus kamu serahkan. (Keluaran 5:17-18).

Mereka mengira Firaun akan segera membebaskan mereka, tetapi yang tertjadi malahan mereka mengalami penderitaan yang lebih berat. Kemudian mereka datang dan mengeluh kepada Musa dan Harun. Walaupun Musa dan Harun menyampaikan kehendak Allah kepada mereka, namun mereka tidak mau mendengar.

Lebih dari empat ratus tahun telah berlalu sejak mereka

pidah ke Mesir, kita dapat memahami iman seperti apa yang dimiliki orang Israel saat itu. Mereka sudah hampir tidak mengenal Allah lagi.

Mereka hanya tahu bahwa Allah muncul kepada nenek moyang mereka, Abraham, Ishak, dan Yakub dan Ia akan membawa mereka keluar dari Mesir ke Negeri Kanaan. Bila dibandingkan dengan sekarang, mereka sama seperti orang yang baru datang ke gereja.

Karena Allah mengetahui tingkatan iman mereka, Ia tidak menyalahkan mereka tetapi mulai menunjukkan pekerjaan-Nya melalui Musa. Pekerjaan itu adalah 'Sepuluh Tulah'.

Sepuluh Tulah yang Dimanifestasikan Melalui Musa

Allah mengirim Musa dan Harun ke hadapan Firaun lagi. Untuk membuktikan bahwa firman-Nya benar, Allah menunjukkan sebuah tanda.

Sama seperti saat Ia membuat Musa melakukannya di Gunung Horeb, ketika Harun melemparkan tongkatnya, tongkat itu berubah menjadi ular. Tetapi para ahli-ahli Mesir juga membuat tongat mereka berubah menjadi ular, walaupun ular-ular buatan mereka tidak sekuat ular yang dibuat Harun. Kemudian, ketika Firaun melihat ini, ia tidak mendengarkan Musa.

Pada peradaban kuno, tukang sihir dan para pesulap sering melakukan pengorbanan. Akar dari kata 'sihir' merujuk kepada pendeta-pendeta di Persia kuno.

Mereka melakukan hipnotis, membaca masa depan dengan bantuan roh-roh jahat, dan bahkan menurunkan beberapa macam bencana. Firaun menganggap bahwa kuasa Allah sama saja dengan sihir-sihir itu.

Sampai Firaun melepaskan bangsa Israel keluar dari Mesir, satu demi satu Allah mengirimkan Sepuluh Tulah ke seluruh Mesir. Tulah-tulah ini dimulai sebagai hal kecil tetapi akhirnya bahkan membunuh semua anak sulung di Mesir.

Bagaimana bisa peristiwa-peristiwa yang terjadi ribuan tahun lalu berkaitan dengan kita sekarang, sehingga Allah membuatnya dituliskan di dalam Alkitab dengan begitu terperinci?

Itu untuk mengingat bahwa kuasa Allah dimanifestasikan ke seluruh Mesir melalui orang pilihan-Nya Musa. Tetapi alasan yang lebih penting adalah makna rohani yang terkandung dalam Sepuluh Tulah.

Allah menggunakan keadaan itu karena Ia ingin menunjukkan kepada kita alasan mengapa orang-orang menghadapi bencana dan juga cara-cara untuk melepaskan diri dari bencana tersebut. Kesepuluh Tulah bukan hanya menimpa Mesir ribuan tahun lalu; semua tulah itu mewakili segala jenis malapetaka yang dapat terjadi dalam hidup kita sekarang.

Wahyu 11:8 berkata, *"Dan mayat mereka akan terletak di atas jalan raya kota besar, yang secara rohani disebut Sodom dan Mesir, di mana juga Tuhan mereka disalibkan."*

Mesir, dalam pengertian rohani, merujuk pada dunia ini yang dipenuhi oleh dosa.

Sama seperti Firaun menghadapi begitu banyak bencana saat ia menentang Allah, orang-orang yang hidup dalam dosa akan menderita berbagai masalah. Semua masalah ini terdapat dalam 'Sepuluh Tulah'. Tulah yang pertama adalah air menjadi darah. Musa menyuruh Harun untuk memukul air sungai Nil dengan tongkatnya, dan semua air di Mesir berubah menjadi darah. Pastilah rasanya sangat mengerikan karena semua air berubah menjadi darah. Ada bau busuk darah dan ikan mati di mana-mana. Orang Mesir dengan cepat menggali sumur untuk mendapatkan air minum karena mereka tidak dapat minum atau menggunakan air dari sungai.

Matilah ikan di sungai Nil, sehingga sungai Nil itu berbau busuk dan orang Mesir tidak dapat meminum air dari sungai Nil; dan di seluruh tanah Mesir ada darah. Dan di seluruh tanah Mesir ada darah. Tetapi semua orang Mesir menggali-gali di sekitar sungai Nil mencari air untuk diminum, sebab mereka tidak dapat meminum air sungai Nil. (Keluaran 7:21-24).

Tulah air menjadi darah ini mewakili penderitaan yang datang akibat kurangnya kebutuhan hidup. Secara rohani, tulah ini melambangkan masalah-masalah yang kita hadapi di sekitar kita, seperti di rumah atau di dalam pekerjaan.

Tetapi ketika para ahli-ahli Mesir mengubah air menjadi darah, Firaun mengeraskan hatinya dan tidak mendengarkan Musa. Kemudian, tulah yang kedua terjadi.

Banyak sekali katak naik dari sungai Nil dan memenuhi seluruh kerajaan. Tetapi ahli-ahli Mesir juga melakukan hal yang sama. Bukan hanya di jalan-jalan tetapi juga di kamar tidur dan bahkan di tempat adonan dipenuhi dengan katak.

Katak lembu bisa berukuran sampai dua puluh sentimeter dan jeritannya sangat keras. Walaupun bukan katak lembu yang datang ke Mesir, tetapi bayangkan saja katak-katak besar dan menjijikkan melompat di mana-mana. Pastilah sangat menjijikkan.

Katak adalah salah satu hewan yang najis dan secara rohani melambangkan Iblis (Wahyu 16:13). Katak-katak itu masuk ke dalam istana, kamar tidur, rumah para pegawai Firaun dan orang-orang, melambangkan kutuk penderitaan terhadap manusia sebagai suatu keseluruhan, terlepas dari kedudukan sosial atau usia mereka. Katak-katak itu juga masuk ke dalam pemanggang dan mangkuk adonan. 'Pemanggang' merujuk pada tempat kerja dan usaha, dan 'mangkuk adonan' merujuk pada makanan sehari-hari.

Karenanya, tulah katak melambangkan pekerjaan Iblis yangb terjadi di rumah dan tempat kerja kita. Sungguh tidak dapat diterima bahwa Iblis bekerja pada rumah, dan bahkan pada makanan sehari-sehari.

Ahli-ahli Mesir membuat katak mucul juga, tetapi mereka

tidak dapat menyingkirkannya. Akhirnya, Firaun dengan cepat memanggil Musa dan berjanji bahwa ia akan membiarkan orang Israel pergi jika ia melenyapkan katak-katak itu. Firaun berkata:

Berdoalah kepada TUHAN, supaya dijauhkan-Nya katak-katak itu dari padaku dan dari pada rakyatku; maka aku akan membiarkan bangsa itu pergi, supaya mereka mempersembahkan korban kepada TUHAN. (Keluaran 8:8).

Keesokan harinya, ketika Musa berdoa kepada Allah, semua katak di istana, rumah-rumah, dan jalanan keluar dan mati.

Tetapi keluaran 8:15 berkata, *"Tetapi ketika Firaun melihat, bahwa telah terasa kelegaan, ia tetap berkeras hati, dan tidak mau mendengarkan mereka keduanya--seperti yang telah difirmankan TUHAN."* Saat Firaun memerlukannya, ia meminta pertolongan Musa tetapi ketika keadaan berubah, ia mengubah pikirannya.

Karena Allah tahu hati Firaun yang seperti ini, tulah itu berlanjut sampai akhirnya ia taat pada perintah Allah. Kemudian turunlah tulah yang ketiga.

Musa menyuruh Harun untuk mengangkat tongkatnya dan memukul debu tanah, dan debu itu berubah menjadi nyamuk. Banyak sekali nyamuk yang datang menyelubungi orang-orang dan ternak. Debu yang tidak bernyawa itu menjadi nyamuk-

nyamuk hidup, menghisap darah dari manusia dan hewan, menyebabkan rasa gatal dan rasa terbakar.

Tulah itu secara rohani melambangkan keadaan di mana hal-hal kecil tiba-tiba naik ke permukaan dan berkembang menjadi masalah yang lebih besar, dan mengakibatkan banyak rasa sakit dan penderitaan. Contohnya adalah saat masalah kecil menumpuk antara saudara, atau antara suami dan istri, dan kemudian menjadi pertengkaran besar.

Nyamuk dapat hidup pada manusia saat mereka tidak benar-benar bersih. Jadi, nyamuk yang menyerang manusia artinya adalah tulah nyamuk terjadi pada orang-orang yang memiliki kejahatan tersembunyi.

Para tukang sihir Mesir tidak dapat meniru tulah nyamuk ataupun tulah-tulah lain yang datang kemudian. Mereka dapat meniru sampai ke tahap tertentu seperti mengubah air menjadi darah, atau membawa katak-katak dari Sungai Nil, tetapi mereka tidak dapat mengubah debu tanah menjadi nyamuk.

Mazmur 62:11 berkata, *"Satu kali Allah berfirman; Dua kali aku telah mendengar ini: Kuasa adalah milik Allah."* Seperti yang dikatakan, bahkan dengan kemajuan ilmu pengetahuan kedokteran, manusia tidak akan pernah mampu membangkitkan orang mati atau menciptakan sesuatu dari ketiadaan. Pekerjaan-pekerjaan ini murni merupakan perbuatan Allah Sang Pencipta.

Para tukang sihir dan ahli-ahli Mesir mengaku bahwa hal itu adalah kuasa Allah (Keluaran 8:19), tetapi Firaun masih keras kepala. Bahkan setelah melihat kuasa Allah, ia mengeraskan hatinya lebih lagi dan membuat terjadinya tulah yang lebih parah, tulah lalat pikat.

Sampai pada tulah nyamuk, jika kita bertobat dan berbalik, kita dapat segera dipulihkan. Tetapi mulai dari tulah lalat pikat, sudah terbentuk dinding dosa terhadap Allah, sehingga kita harus melalui pertobatan yang menyeluruh.

Lalat-lalat itu meliputi bukan hanya rumah-rumah penduduk tetapi juga rumah para pegawai Firaun dan istananya. Sungguh tidak nyaman dan mengganggu rasanya melihat satu lalat saja terbang di sekitar makanan kita karena lalat membawa kuman. Betapa menderitanya kita jika kita harus menghadapi lalat tak terhitung banyaknya.

Lalat berkembang biak di tempat-tempat kotor dan menyebarkan penyakit kemana pun mereka pergi. Demikianlah, secara rohani, tulah lalat pikat mewakili keadaan di mana orang-orang mengucapkan perkataan jahat dari hati mereka, dan perkataan-perkataan itu disebarkan kesana kemari. Ini menjadi jerat bagi mereka, dan mereka menghadapi penyakit atau masalah yang dibawa kepada mereka, anak-anak mereka, pasangan mereka, atau tempat kerjanya.

Tetapi apa yang keluar dari mulut berasal dari hati dan itulah yang menajiskan orang. Karena dari hati timbul segala pikiran jahat, pembunuhan, perzinahan, percabulan, pencurian, sumpah palsu dan hujat. (Matius 15:18-19).

Sekali lagi Firaun meminta Musa untuk melenyapkan lalat-lalat itu dan berjanji bahwa ia akan melepaskan orang Israel, tetapi saat lalat-lalat itu benar-benar dilenyapkan, ia tidak menepati janjinya.

Akhirnya, lalat penyakit sampar dan barah menimpa bukan hanya penduduk tetapi juga semua hewan ternak di Mesir ikut menderita. Penyakit sampar adalah penyakit menular yang berinfeksi dan tidak mudah disembuhkan. Penyakit ini mewabah dan menyebar ke dalam tubuh. Banyak dari hewan ternak di Mesir mati karena penyakit sampar ini.

Hewan ternak itu meliputi kuda-kuda, kambing domba, lembu sapi, kambing, dan unta yang dipelihara penduduk. Semua itu adalah bagian utama dari kekayaan raja, para pegawainya, dan rakyatnya. Dalam pengertian sekarang, karena mereka adalah makhluk hidup, hewan-hewan ternak itu merujuk kepada anggota keluarga yang tinggal di dalam satu rumah.

Dan penyakit sampar itu menimpa hewan ternak artinya adalah kejahatan satu orang menyebabkan bukan hanya penderitaan bagi dirinya sendiri tetapi juga anggota keluarga mengalami penyakit parah. Jika seseorang menumpuk kejahatan demi kejahatan, maka Allah harus memalingkan wajahnya dari orang ini, dan Iblis akan membawa banyak bencana.

Yang lebih parah dari penyakit sanpar adalah tulah barah. Penyakit sampar masuk ke dalam tubuh, tetapi barahnya dapat terlihat di luar juga. Penyakit itu menyebabkan bisul, gatal, kotoran, dan nanah. Ini adalah kasus penyakit kulit yang serius atau seperti saat penyakit dalam menjadi semakin parah dan akhirnya terlihat di luar juga.

Sebagai contoh, kanker mulanya ada di dalam tubuh, tetapi saat keadaannya menjadi semakin parah, mungkin saja tanda-tandanya akan kelihatan dari luar. Sama halnya dengan TBC paru-paru, penyakit hati, atau AIDS. Orang yang mengalami penyakit ini biasanya cepat marah, sombong, dan berpikiran keras dan merendahkan orang lain, serta tidak mudah memaafkan kesalahan orang lain.

Selain dari hal-hal ini, seseorang dapat mengalami tulah barah apabila ia melakukan dosa yang buruk, atau disebut juga pekerjaan daging, atau saat orangtuanya, anggota keluarganya, atau leluhurnya menyembah berhala. Tetapi bahkan walaupun orangtuanya menyembah berhala, jika anak itu hidup dalam firman Allah, maka ia tidak akan mengalami malapetaka karena Allah melindunginya.

Firaun tidak berbalik walaupun telah menhalami semua tulah itu, dan tulah hujan es serta api turun dari surga. Tulah itu melenyapkan tidak hanya semua tanaman di seluruh Mesir tetapi juga banyak hewan dan orang-orang yang terperangkap di luar.

Batu es yang besar ukurannya bisa mencapai diameter 15 sentimeter. Ukuran itu sama seperti anggur yang besar. Sungguh tak terbayangkan ada hujan es demikian besar turun dari langit disertai api. Kerusakan yang ditimbulkannya pastilah sangat hebat tidak hanya pada tanaman pertanian tetapi juga pada rumah-rumah dan ternak.

Secara rohani, tulah hujan es merujuk pada kecelakaan-kecelakaan atau insiden tak terduga yang dapat mengakibatkan kerusakan besar pada kekayaan seseorang. Hal itu dapat dibandingkan dengan salah satu anggota keluarga yang terkena kecelakaan berat atau didiagnosa dengan penyakit serius, yang biayanya akan sangat mahal.

Misalnya, saat seorang percaya memiliki nafsu akan uang dan hanya mempedulikan bagaimana caranya memperoleh uang, sehingga ia tidak memelihara segenap Sabat. Kemudian, mungkin akan ada masalah mendadak di tempat kerjanya atau usahanya, dan ia mungkin menghabiskan uangnya karena kecelakaan atau penyakit. Ini adalah tulah hujan es. Karena hujan es itu hanya merusak sebagian tanaman di ladang, bukan berarti segalanya akan hilang sebagai akibat dari tulah hujan es.

Tetapi tanaman yang tersisa setelah hujan es akan hilang semua akibat tulah belalang yang datang sesudahnya. Datangnya jutaan belalang pastilah merupakan teror yang mengerikan bagi mereka.

Belalang itu akan menutupi permukaan bumi, sehingga orang tidak dapat melihat tanah. belalang itu akan memakan habis sisa yang terluput, yang masih tinggal bagimu dari hujan es itu, bahkan akan memakan habis segala pohonmu yang tumbuh di padang. Belalang itu akan memenuhi rumahmu, rumah

semua pegawaimu, rumah semua orang Mesir seperti
yang belum pernah dilihat oleh bapamu dan nenek
moyangmu, sejak mereka lahir ke bumi sampai hari
ini. (Keluaran 10:5-6).

Saat belalang menyapu ladang, tidak akan ada rumput yang tersisa. Sungguh suatu malapetaka mengerikan. Tulah belalang melenyapkan segalanya, dan kerusakan yang diakibatkan jauh lebih besar daripada tulah hujan es.

Sebagai perbandingan dengan tulah hujan es, akibat dari tulah belalang bisa berupa kebangkrutan, penyakit yang tidak tersembuhkan, atau anak yang hilang dan tak kembali. Dengan begini, seluruh keluarga atau usahanya akan rusak. Jika kita bertobat bahkan setelah mengalami tulah semacam ini, maka tidak akan ada yang tersisa.

Setiap kali tulah datang, Firaun berjanji bahwa ia akan melepaskan orang Israel, tetapi setelah tulah itu hilang ia akan selalu mengubah pikirannya.

Kini, Musa mengangkat tangannya ke langit, dan tulah gelap gulita pun turun atas Mesir. Tidak ada cahaya sama sekali. Tidak ada matahari atau pun bulan selama tiga hari. Pastilah orang Mesir merasa sangat ketakutan!

Berfirmanlah TUHAN kepada Musa: "Ulurkanlah tanganmu ke langit, supaya datang gelap meliputi tanah Mesir, sehingga orang dapat meraba gelap itu." Lalu Musa mengulurkan tangannya ke langit dan datanglah gelap gulita di seluruh tanah Mesir selama tiga hari. Tidak ada orang yang dapat melihat temannya, juga tidak ada orang yang dapat bangun dari tempatnya selama tiga hari. (Keluaran 10:21-23).

Saat gelap gulita datang sebelum maut, itu tandanya bahwa kegelapan sedang meliputi hidup seseorang, dan orang itu tidak memiliki harapan dalam setiap aspek hidupnya. Tulah seperti ni datang kepada orang-orang yang telah mengeraskan hati dan tidak bertobat sama sekali, bahkan setelah mereka kehilangan segala yang mereka miliki.

Itu karena mereka tidak mengakui keberadaan Allah. Bakan walaupun mereka mengaku percaya, mereka tidak memegang firman Allah melainkan menyimpan kejahatan. Gelap-gulita adalah tulah besar yang mendekati kematian, tetapi nyawanya sendiri tidak diganggu.

Bahkan setelah tulah gelap gulita datang, Firaun tidak melepaskan bangsa Israel keluar dari Mesir. Akhirnya ia harus menghadapi tulah kematian anak sulung. Secara rohani, tulah ini merujuk pada keadaan dimana anak atau anggota keluarga yang paling disayangi meninggal atau sakitnya terlalu parah untuk dapat diselamatkan.

Kesepuluh Tulah menjadi semakin serius dan semakin fatal saat menimpa satu persatu. Bahkan saat para pegawai Firaun mengatakan bahwa Mesir akan hancur, Firaun masih belum mau berbalik dari jalan-jalannya yang jahat.

Sebagai akibatnya, Allah menambahkan tulah kematian anak sulung di Mesir.

Maka tiap-tiap anak sulung di tanah Mesir akan mati, dari anak sulung Firaun yang duduk di takhtanya sampai kepada anak sulung budak perempuan yang menghadapi batu kilangan, juga segala anak sulung hewan. (Keluaran 11:5).

Allah Memisahkan Tanah Gosyen

Apakah orang Israel juga mengalami tulah seperti orang Mesir? Pada waku itu, orang israel tinggal di tanah Gosyen. Mereka membentuk desa yang terpisah karena kebanyakan orang Israel memelihara ternak yang dianggap najis oleh orang Mesir. Tetapi tidak satu pun dari tulah itu menimpa tanah Gosyen.

Sebab jika engkau tidak membiarkan umat-Ku itu pergi, maka Aku akan melepaskan pikat terhadap engkau, terhadap pegawai-pegawaimu, rakyatmu dan rumah-rumahmu, sehingga rumah-rumah orang Mesir, bahkan tanah, di mana mereka berdiri akan penuh dengan pikat. Tetapi pada hari itu Aku akan mengecualikan tanah Gosyen, di mana umat-Ku tinggal, sehingga di sana tidak ada terdapat pikat, supaya engkau mengetahui, bahwa Aku, TUHAN, ada di negeri ini. (Keluaran 8:21-22).

Seperti tertulis, bahkan saat seluruh tanah di Mesir diselubungi oleh lalat pikat, tidak ada satu pun lalat di Gosyen. Itu adalah tanda bahwa Allah memisahkan orang Israel dari orang Mesir.

Sebagai tambahan, mereka juga tidak terkena penyakit sampar, barah, hujan es, dan belalang. Tulah-tulah itu tidak datang ke tanah Gosyen. Bahkan saat gelap gulita menyelubungi seluruh Mesir, masih ada terang di Gosyen. Orang-orang yang melihat ini merasa kagum dan memberi kemuliaan kepada Allah.

Tulah Kematian Anak Sulung dan Passover

Allah membuat seluruh tanah Mesir tahu tentang kematian anak sulung, dan memberikan petunjuk-petunjuk kepada orang Israel. Pada hari terjadinya tulah hebat di Mesir, mereka harus mengambil anak domba atau kambing berusia setahun yang tidak bercela, dan memubuhkannya pada ambang atas dan kedua tiang pintu. Mereka juga dilarang keluar rumah sampai pagi.

Dan TUHAN akan menjalani Mesir untuk menulahinya; apabila Ia melihat darah pada ambang atas dan pada kedua tiang pintu itu, maka TUHAN akan melewati pintu itu dan tidak membiarkan

pemusnah masuk ke dalam rumahmu untuk menulahi.
(Keluaran 12:23).

Membubuhkan darah pada ambang atas dan kedua tiang pintu melambangkan Yesus Kristus dan darahnya yang menebus. Itu berarti kita dapat diampuni dari dosa dan menerima keselamatan oleh darah Tuhan. Berkenaan dengan ini, Yesus berkata, *"Akulah pintu; barangsiapa masuk melalui Aku, ia akan selamat dan ia akan masuk dan keluar dan menemukan padang rumput."* (Yohanes 10:9).

Mereka juga harus memanggang dagingnya dan memakannya dengan roti tidak beragi dan sayur pahit. Seperti yang dikatakan Yesus dalam Yohanes 6:53, *"Aku berkata kepadamu, sesungguhnya jikalau kamu tidak makan daging Anak Manusia dan minum darah-Nya, kamu tidak mempunyai hidup di dalam dirimu,"* kita harus mengambil daging Yesus, yaitu firman Allah.

Allah juga menyuruh mereka untuk tidak memakannya mentah atau direbus di air, tetapi harus memakan kepala, kaki, dan isi perutnya dipanggang di atas api. Artinya adalah kita harus mengambil firman Allah dalam ke-66 kitab di dalam Alkitab dengan api dan ilham dari Roh Kudus.

Menurut perintah Allah ini, bangsa Israel mengambil anak domba atau kambing berusia setahun yang tidak bercela, membubuhkan darahnya pada ambang atas dan kedua tiang pintu, dan memakan dagingnya dengan dipanggang di atas api.

Di dalam larutnya malam, terdengar tangisan hebat di Mesir.

Mulai dari hewan ternak sampai manusia, semua anak sulung dibunuh. Tetapi orang Israel aman terlindung.

Maka haruslah kamu berkata: Itulah korban Paskah bagi TUHAN yang melewati rumah-rumah orang Israel di Mesir, ketika Ia menulahi orang Mesir, tetapi menyelamatkan rumah-rumah kita. (Keluaran 12:27).

Mulai saat itu hingga hari ini, bangsa Israel mengingat kasih karunia Allah yang menjaga mereka dari kematian anak-anak sulungnya. Mereka memelihara tradisi Passover dan memakan roti tidak beragi selama tujuh hari untuk mengingat penderitaan yang mereka alami di Mesir.

Bab 3

"Kau akan Tahu bahwaAkulah TUHAN Allahmu"

- Keluaran -

Keluaran 16:11-15

 ⌘

Pada waktu petang datanglah berduyun-duyun burung puyuh yang menutupi perkemahan itu; dan pada waktu pagi terletaklah embun sekeliling perkemahan itu. Ketika embun itu telah menguap, tampaklah pada permukaan padang gurun sesuatu yang halus, sesuatu yang seperti sisik, halus seperti embun beku di bumi. Ketika orang Israel melihatnya, berkatalah mereka seorang kepada yang lain: "Apakah ini?" Sebab mereka tidak tahu apa itu. Tetapi Musa berkata kepada mereka: "Inilah roti yang diberikan TUHAN kepadamu menjadi makananmu."

Firaun tidak mau membiarkan orang israel pergi walaupun Mesir ditimpa berbagai macam tulah. Tetapi setelah tulah kematian anak sulung ia akhirnya menyerah. Semua anak sulung di Mesir termasuk anak-anak sulung dari hewan ternak mati dalam waktu semalam. Tangisan orang-orang Mesir terdengar sampai ke surga.

"Oh, putraku..putra Firaun!"

Firaun telah mengeraskan hatinya, tetapi ia tidak punya pilihan selain menyerah setelah anak sulungnya meninggal. Ia memanggil Musa dan menyuruhnya untuk membawa bangsa Israel dan keluar dari Mesir.

Orang Mesir harus sangat menderita dari akibat tulah yang demikian hebat karena kekerasan hati Firaun. Namun, mereka mendesak orang Israel untuk segera pergi dan memberi mereka emas dan perak dan bahkan pakaian mereka. Dengan memahami ini kita dapat membayangkan betapa mereka sangat menderita akibat Sepuluh Tulah itu. Allah telah memberi tahu Musa tentang hal itu ketika Ia memanggilnya.

Dan Aku akan membuat orang Mesir bermurah hati
terhadap bangsa ini, sehingga, apabila kamu pergi,
kamu tidak pergi dengan tangan hampa, tetapi tiap-
tiap perempuan harus meminta dari tetangganya dan
dari perempuan yang tinggal di rumahnya, barang-
barang perak dan emas dan kain-kain, yang akan kamu
kenakan kepada anak-anakmu lelaki dan perempuan.
Demikianlah kamu akan merampasi orang Mesir itu.
(Keluaran 3:21-22).

Segalanya terjadi seperti yang telah dikatakan oleh Allah.
Perbudakan bangsa Israel di Mesir berakhir, dan kini mereka
menuju ke Tanah Perjanjian Kanaan.

Keluaran, Pelarian yang Gemilang

Bangsa Israel meninggalkan Ramses menuju Sukot bersama
ternak kambing domba dan lembu sapi mereka dengan Musa
berada paling depan. Dengan menghitung laki-laki dewasa saja
jumlah mereka ada 600.000 jiwa, maka bila memasukkan anak-
anak, manula, dan perempuan, pastilah saat itu ada lebih dari
dua juta orang jumlahnya. Bayangkan saja orang begini banyak
pindah secara bersamaan!

Karena mereka telah memelihara ternak selama 400 tahun,
kumpulan hewan ternak dan lembu sapi mereka menjadi sangat
banyak. Pastilah terjadi kegemparan dengan suara hewan-
hewan peliharaan dan suara kereta.

Anak-anak berlari kesana kemari dan orang-orang tua juga disuruh cepat-cepat agar tidak tertinggal dari kelompok. Mereka dipenuhi oleh sukacita karena mengalami kebebasan dan sama bersemangatnya seperti seorang anak yang sedang piknik.

Orang-orang ini bisa saja bahagia dengan harapan bahwa mereka akan menikmati berkat di Kanaan, tetapi Musa memang bersikap berbeda. Ia harus bertanggung jawab memimpin rombongan yang demikian besar seorang diri. Seperti yang telah dikatakan Yusuf dalam surat wasiatnya yang meminta agar tulang-tulangnya dibawa ke Tanah Perjanjian, Musa memimpin perjalanan dengan membawa tulang-tulang Yusuf.

Jalan terpendek dari Mesir ke Kanaan adalah dengan mengikuti garis pantai Mediterania, pergi melewati jalur Gaza sekarang, dan terus melewati sepanjang negeri Filistin.

Perbatasannya dijaga dengan ketat karena orang-orang yang hendak menyerang Mesir mengambil rute ini. Bahkan jika mereka menyeberangi perbatasan untuk langsung menuju ke Filistin, mereka akan mengundang terjadinya peperangan.

Tetapi dengan keadaan iman orang Israel saat itu, perang bahkan bukan merupakan suatu pilihan yang baik. Mereka tidak memiliki cukup iman untuk berperang. Malahan, mereka hendak kembali saja ke Mesir.

Bangsa Israel hanya senang karena mereka telah dibebaskan dari perbudakan. Mereka tidak memiliki iman yang tulus dalam Allah. Setiap mereka mengalami kesulitan, mereka akan jadi ingin kembali ke Mesir.

Rute Keluaran bangsa Israel

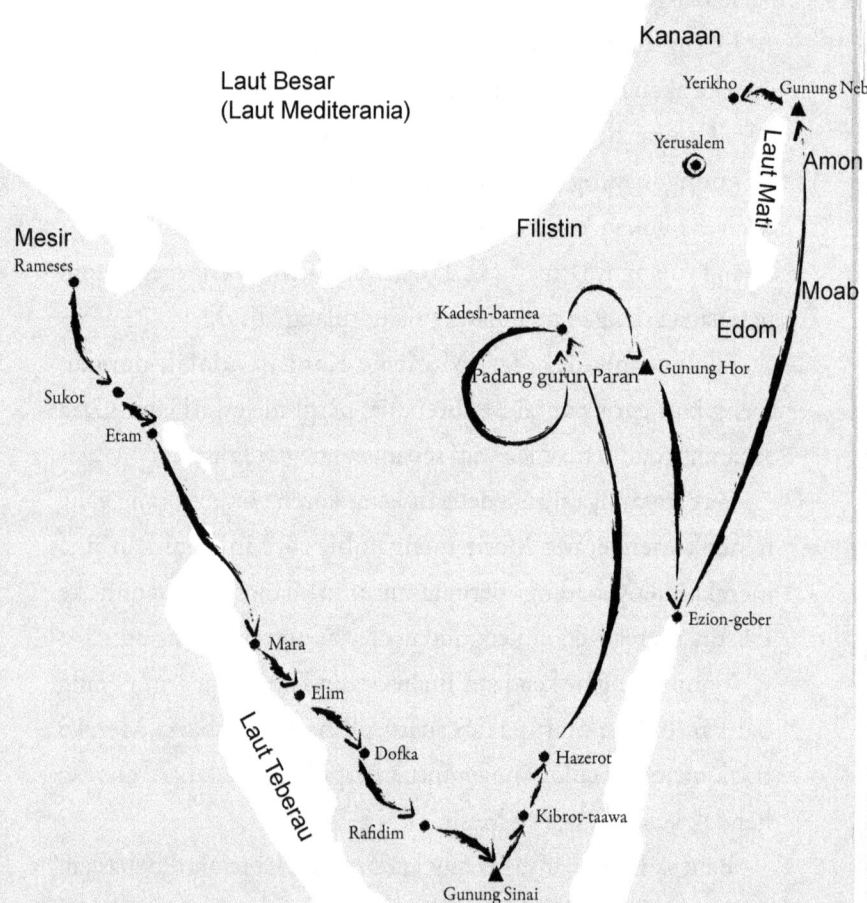

Laut Besar
(Laut Mediterania)

Kanaan

Yerikho

Gunung Nebo

Yerusalem

Laut Mati

Amon

Mesir

Rameses

Filistin

Moab

Kadesh-barnea

Edom

Sukot

Padang gurun Paran

Gunung Hor

Etam

Mara

Elim

Dofka

Laut Teberau

Hazerot

Ezion-geber

Rafidim

Kibrot-taawa

Gunung Sinai

Jika ujian besar terjadi pada orang percaya baru dan ia tidak dapat mengatasinya, maka ia akan kembali lagi ke dunia. Bangsa Israel kurang lebih sama seperti itu.

Allah tidak mengambil rute terpendek karena Ia mengetahui keadaan ini sehingga Ia membuat mereka menyeberangi Laut Teberau (Laut Merah) dan berkelana di padang gurun, walaupun jalannya lebih sulit.

Setelah Firaun membiarkan bangsa itu pergi, Allah tidak menuntun mereka melalui jalan ke negeri orang Filistin, walaupun jalan ini yang paling dekat; sebab firman Allah: "Jangan-jangan bangsa itu menyesal, apabila mereka menghadapi peperangan, sehingga mereka kembali ke Mesir." (Keluaran 13:17).

Menyeberangi Laut Teberau

Mulai dari saat bangsa Israel meninggalkan Mesir, Allah bergerak di depan mereka, membimbing mereka dengan tiang awan pada siang hari dan tiang api pada malam hari. Dengan menutupi matahari yang bersinar terik di padang gurun dengan awan tebal, Allah membuat mereka dapat melalui padang gurun yang panas.

Pada daerah-daerah kering di bumi, seperti di gurun-gurun Afrika dan Timur Tengah, suhunya jauh lebih rendah di kerindangan. Allah juga memberi mereka tiang api pada malam hari sehingga mereka dapat mengatasi dinginnya malam di daerha gurun.

Tetapi perjalanan Israel yang penuh damai segera berakhir dalam waktu tidak lama. Mereka segera menghadapi sebuah dilema. Setelah Firaun melepaskan bangsa Israel pergi, ia segera menyesalinya. Ia membawa enam ratus kereta perang dan semua pasukan Mesir untuk mengejar mereka. Allah sudah mengetahui sebelumnya bahwa hal ini akan terjadi dan sudah memberi tahu Musa.

Ketika mereka hampir mencapai Laut Teberau, bangsa Israel melihat pasukan Firaun mengikuti mereka dengan kereta perang dan kuda-kuda, menimbulkan debu di belakangnya. Di hadapan mereka adalah Laut Teberau dan dari belakang, pasukan Mesir sedang mengejar mereka.

Kemudian bangsa Israel bersungut-sungut dengan berkata, *"Apakah karena tidak ada kuburan di Mesir, maka engkau membawa kami untuk mati di padang gurun ini? Apakah yang kauperbuat ini terhadap kami dengan membawa kami keluar dari Mesir?"* (Keluaran 14:11). Mereka menangis kepada Musa dengan sangat ketakutan.

Mereka keluar dari Mesir karena Allah mendengar tangisan mereka saat mereka menderita dalam perbudakan. Musa tidak memaksa membawa mereka keluar. Dan lagi, siapakah Allah? Ia membuat tulah-tulah mengerikan menimpa seluruh Mesir dan membunuh semua anak sulung di Mesir dalam semalam, tetapi Ia melindungi semua orang Israel.

Jika mereka telah percaya akan Allah yeng mengendalikan hidup dan mati, mereka tidak perlu kuatir tentang tentara Mesir sama sekali. Tetapi walaupun telah melihat berbagai pekerjaan kuasa Allah, mereka tetap tidak percaya kepada Allah. Kini mereka bahkan bersungut-sungut terhadap Allah. Tetapi Allah tidak menghardik orang Israel yang imannya begitu kecil, Ia malah menunjukkan pekerjaan hebat dengan kuasa-Nya melalui Musa. Allah tidak menegur orang-orang yang memiliki iman kecil, tetapi Ia menyayangi mereka dengan kasih seperti orangtua yang akan menyayangi bayinya yang baru lahir. Melalui iman Musalah Allah menunjukkan pekerjaan hebat lainnya.

Musa berbicara dengan berani kepada orang-orang Israel yang sedang ketakutan dan gemetar.

Janganlah takut! Berdirilah tetap dan lihatlah keselamatan dari TUHAN, yang akan diberikan-Nya hari ini kepadamu; sebab orang Mesir yang kamu lihat hari ini, tidak akan kamu lihat lagi untuk selama-lamanya. TUHAN akan berperang untuk kamu, dan kamu akan diam saja. (Keluaran 14:13-14).

Betapa indahnya pernyataan iman ini! Musa tidak memandang Laut Teberau yang dalam atau pasukan Mesir yang sedang mengejar mereka. Ia hanya memandang pekerjaan hebat Allah yang akan dilaksanakan-Nya.

Seperti yang sudah dinyatakan Musa, Allah mulai bekerja untuk orang Israel. Pertama-tama, malaikat Allah, yang telah pergi ke depan perkemahan Israel, bergerak dan pergi ke belakang mereka; dan tiang awan pindah dari hadapan mereka dan berdiri di belakang mereka.

Kemudian, pada waktu malam, di bagian orang Israel ada terang tetapi hanya ada awan dan kegelapan pada bagian orang Mesir. Pasukan Mesir itu tidak dapat bergerak maju dalam kegelapan total itu.

Akhirnya, Musa mengulurkan tongkatnya seperti yang telah diperintahkan Allah. Dengan angin timur yang kuat yang bertiup semalaman, TUHAN menyapu lautan dan mengubahnya menjadi tanah kering, sehingga airnya menjadi terbelah.

Bayangkan saja pemandangan luar biasa ini dalam pikiran Anda.

Dengan suara petir dan angin besar, laut yang luas itu terbagi, dan orang-orang berjalan di tengah laut. Airnya membentuk dinding di kedua sisi.

Bayangkan saja diri Anda berjalan di tengah lautan ini. Anda pasti akan gemetar dengan kagum dan terheran-heran akan pekerjaan Allah yang hebat itu. Tidakkah Anda akan memberikan kemuliaan kepada Allah karena menunjukkan pekerjaannya yang luar biasa dan memuji serta menyembah Dia dari kedalaman hati Anda?

Lebih dari dua juta orang termasuk anak-anak dan orang

tua serta ternak kambing domba dan lembu sapi mereka menyeberang lewat tengah laut.

Tetapi pasukan Mesir yang tidak dapat bergerak dalam kegelapan, segera mengejar mereka dan mengikuti mereka. Mereka juga masuk ke jalan yang dibuat di laut itu. Saat itu kelihatannya mereka akan segera berhasil mengejar bangsa Israel, tetapi mereka mengalami kesulitan mengejarnya. Roda-roda kereta mulai lepas dan mereka menjadi sangat kesulitan mengendarai keretanya. Sebagian dari pasukan itu yang merasakan ada hal yang aneh mulai berpikir, "Ayo kita melarikan diri dari Israel, karena TUHAN berperang bagi mereka melawan Mesir".

Perasaan mereka memang benar. Saat orang Israel selesai menyeberang Laut Teberau yang terbelah, Musa mengulurkan tangannya ke arah laut lagi. Kemudian Laut Teberau yang terbelah itu kembali ke keadaan semula.

"Oh-oh!"

Dalam seketika, seluruh tentara Mesir terkubur di dalam air.

Pada saat ini, Musa dan bangsa Israel memuji dan menyembah Allah dengan rasa syukur mereka kepada Allah karena menyelamatkan mereka dari tangan bangsa Mesir. Perasaan Musa sangat berbeda dari yang lain karena ia bertanggung jawab akan keselamatan rakyatnya.

TUHAN itu kekuatanku dan mazmurku, Ia telah menjadi keselamatanku. Ia Allahku, kupuji Dia, Ia Allah bapaku, kuluhurkan Dia. (Keluaran 15:2).

Siapakah yang seperti Engkau, di antara para allah, ya TUHAN? siapakah seperti Engkau, mulia karena kekudusan-Mu, menakutkan karena perbuatan-Mu yang masyhur, Engkau pembuat keajaiban? (Keluaran 15:11).

Kakak Musa, Miryam dan para perempuan juga menari dengan membawa rebana, memuliakan Allah.

Menyanyilah bagi TUHAN, sebab Ia tinggi luhur; kuda dan penunggangnya dilemparkan-Nya ke dalam laut. (Keluaran 15:21).

Sepuluh Tulah sendiri adalah suatu keajaiban, tetapi Allah menegaskan sekali lagi bahwa Ia menyertai orang-orang Israel. Ia menegaskan dan menyokong Musa dengan membelah Laut Teberau.

Mereka dapat melihat pekerjaan ajaib Allah karena Musa memiliki iman untuk menaati bahkan hal-hal yang sesungguhnya tidak dapat ditaati.

Perintah Allah untuk membelah laut tidak akan dapat ditaati jika Musa berpegang pada pemikiran atau teori manusia apa pun. Tetapi ketika ia taat dengan iman, laut itu dibelah dengan kuasa Allah. Segala hal yang merupakan kepunyaan Allah ini hanya mungkin bila dengan iman.

Orang Israel Bersungut-sungut di Mara

Setelah mereka menyeberangi Laut Teberau, bangsa Israel masuk ke padang gurun Syur. Mereka tiba di suatu tempat yang disebut 'Mara' tanpa memperoleh air untuk diminum. Akhirnya mereka menemukan air itu, tetapi rasanya terlalu pahit untuk diminum. Mereka segera mulai bersungut-sungut lagi kepada Musa.

Mereka sudah menyaksikan Kesepuluh Tulah, dan mereka menyeberangi Laut Teberau di tanah kering baru tiga hari sebelumnya, tetapi mereka segera dan tanpa keraguan menumpahkan keluhan mereka begitu mereka mengalami kesulitan.

Tentu saja keadaan memang sulit bagi mereka saat mereka tidak bisa mendapatkan air minum selama tiga hari dalam panasnya padang gurun. Tetapi mereka bahkan tidak memiliki iman minimal dengan berpikir, "Allah Yang Mahakuasa membelah Laut Teberau pasti akan memberi kami air jika kami memintanya."

Tetapi Allah yang penyabar menunjukkan sebuah ranting kepada Musa dan menyuruhnya melemparkannya ke air untuk mengubah air pahir itu menjadi air yang manis. Di sini, apa alasannya sehingga Allah menyuruh Musa melemparkan ranting ke air?

Ini menunjukkan kepada kita bahwa dengan pekerjaan Allah, Ia dapat membuat air menjadi manis walaupun melalui sebuah ranting. Bahwa Allah itu maha kuasa, bahwa Ia dapat menciptakan sesuatu dari ketiadaan dan membuat yang mustahil menjadi mungkin. Juga untuk membuat orang Israel mengerti bahwa mereka tidak berbeda dari ranting kering karena terus saja bersungut-sungut dalam segala masalah sulit walaupun mereka telah mengalami pekerjaan Allah yang ajaib.

Air merujuk pada air hidup, yaitu firman Allah yang hidup. Dan saat ranting kering dilemparkan ke air, maka air itu segera berubah menjadi manis. Artinya adalah bahkan orang yang dibuang seperti sebuah ranting kering dapat diperbarui jika ia hidup menurut firman Allah.

Sekali Lagi Terus Bersungut-sungut

Mereka keluar dari Elim, dan semua bani Israel datang ke padang gurun Sin, yang terletak di antara Elim dan Sinai. Tetapi kemudian mereka terkena masalah lain. Makanan yang mereka bawa dari Mesir sudah habis.

Mereka mengingat waktu-waktu dimana mereka memiliki cukup roti untuk dimakan di Mesir, dan mereka segera mulai bersungut-sungut. Mereka sudah melupakan kenangan tentang perbudakan dan aniaya.

Bangsa Israel tidak dapat menerima keadaan apa pun. Mereka segera mengeluh setiap mereka mengalami kesulitan.

Tetapi Allah tetap tidak memperhitungkan sungut-sungut mereka itu. Sebaliknya, Ia memberi mereka makan dengan manna dan burung puyuh. Itu karena saat mereka mengikuti Musa dan tidak kabur dari rombongan Keluaran di padang gurun saja, Allah sudah menganggapnya sebagai iman.

Setiap sore datang burung puyuh yang menutupi perkemahan mereka. Di waktu pagi, ada lapisan seperti embun di sekeliling perkemahan. Ketika lapisan embun itu menguap, di atas tanah di padang gurun itu ada bahan seperti serpihan, hampir sehalus bunga salju, menutupi tanah. Itulah 'manna' yang turun dari surga. Manna itu warnanya putih dan rasanya seperti kue madu.

Allah menyuruh mereka untuk mengambil sebanyak yang mereka perlukan saja (Keluaran 16:16) dan tidak menyisakan sampai pagi apa yang sudah mereka kumpulkan. Tetapi ketika ada orang yang tidak taat dan menyisakannya sampai pagi, manna itu menjadi busuk dan berulat.

Dengan manna dan burung puyuh yang diberikan Allah kepada mereka, orang Israel dapat bergerak maju dengan cukup makanan bahkan di padang gurun yang tandus sekalipun.

Seiring dengan berlalunya waktu, bukannya mengharapkan Tanah Kanaan yang berlimpah dengan susu dan madu, bangsa Israel semakin bertambah kesal karena kehampaan hidup di padang gurun. Satu-satunya hal yang dapat mereka lihat adalah padang gurun dan pegunungan berbatu.

Mereka berangkat ke padang gurun Sin, mengikuti perintah

TUHAN, dan berkemah di Rafidim, dan di sana tidak ada air untuk diminum. Karenanya bangsa itu bertengkar dengan Musa dan berkata, "Berikan kami air supaya kami bisa minum." Sebagian dari mereka sangat marah kepada Musa sehingga mereka hampir melemparinya dengan batu. Bagaimana perasaan Musa pada saat ini?

Lalu berseru-serulah Musa kepada TUHAN, katanya: "Apakah yang akan kulakukan kepada bangsa ini?" (Keluaran 17:4).

Musa hanya dapat berdoa kepada Allah. Berfirmanlah TUHAN kepada Musa: *"Berjalanlah di depan bangsa itu dan bawalah beserta engkau beberapa orang dari antara para tua-tua Israel; bawalah juga di tanganmu tongkatmu yang kaupakai memukul sungai Nil dan pergilah."* (Keluaran 17:5). Allah menyuruhnya untuk memukul batu karang di Horeb. Ketika Musa melakukan seperti yang dikatakan Allah kepadanya di depan tua-tua Israel, keluarlah air dari batu itu.

Bahkan setelah itu, bangsa Israel tetap tidak dapat menunjukkan iman saat mereka dihadapkan pada berbagai kesulitan. Simpati Musa setiap waktu tidak dapat diungkapkan dengan kata-kata.

Ia harus berdoa mewakili orang-orang yang tidak memiliki iman untuk berdoa dan menurunkan kasih karunia Allah bagi mereka sendiri. Pada saat yang sama, ia harus menenangkan mereka, mengajari mereka akan kebenaran dan menanamkan iman kepada mereka. Sementara mereka menggerutu dan mengeluh di Rafidim, pasukan bangsa Amalek menyerang mereka. Musa menyuruh Yosua untuk memilih orang-orang yang memiliki keahlian bertempur jarak dekat, dan bertempur melawan orang Amalek. Kemudian ia pergi ke puncak bukit dengan memegang tongkat Allah di tangannya dan berdoa. Pada saat ini, ketika kedua tangan Musa terangkat, orang Israel memenangkan pertempuran, tetapi ketika tangannya turun pasukan bangsa Amalek yang akan menang.

Sesudah lama dan tangan Musa menjadi lelah, Harun dan Hur mengambil batu dan menaruhnya di bawah Musa, dan ia duduk di atasnya; dan mereka menopang tangannya, yang seorang di satu sisi dan yang seorang di sisi yang lain. Dengan demikian tangannya tetap kuat sampai matahari terbenam. Beginilah mereka dapat memenangkan pertempuran.

Sepuluh Perintah Allah dan Undang-Undang Serta Hukum

Kemudian Yitro, imam dari Midian yang juga ayah mertua Musa, membawa istri Musa, Zipora, dan kedua anak laki-lakinya dan pergi ke tempat Musa. Musa memberitahunya secara terperinci tentang pekerjaan Allah yang telah terjadi selama Keluaran. Yitro memuji dan menyembah Allah dna mereka bersukacita bersama.

Keesokan harinya, Yitro melihat suatu keanehan. Banyak orang berbaris untuk bertemu Musa dan untuk menanyakan kehendak Allah. Saat satu orang selesai berbicara dengan Musa, orang yang lain mulai menerangkan keadaannya kepadanya. Antrian itu tidak pernah berkurang, dan bahkan satu harian tidak cukup untuk mengatasi semuanya.

Sebelumnya, saat orang Israel masih tinggal di Mesir, mereka berada di bawah hukum Mesir. Tetapi dari sejak mereka keluar dari Mesir, tidak ada hukum bagi mereka. Maka mereka datang kepada Musa untuk menjadi penengah dalam sidang dan pengadilan. Dapatkah Anda bayangkan bagaimana keadaannya karena Musa hanya satu orang dan ia harus mengurusi lebih dari dua juta orang!

Yitro menasihati Musa untuk memilih dari antara bangsa itu orang-orang yang takut akan Allah, orang yang benar dan orang yang membenci kecurangan. Lebih jauh lagi ia menyarankan kepada Musa untuk menempatkan orang-orang ini sebagai pemimpin seribu, pemimpin seratus, pemimpin lima puluh, dan pemimpin sepuluh untuk menangani masalah-masalah ringan, dan Musa hanya mengurusi masalah yang besar. Yitro meminta Musa untuk melakukannya jika Allah membolehkannya berbuat begitu (Keluaran 18:23). Walaupun ia adalah orang bukan Yahudi, tetapi ia mengetahui prinsip itu dengan baik.

Musa menganggap saran itu baik dan menunjuk pemimpin seribu, pemimpin seratus, pemimpin lima puluh, dan pemimpin sepuluh. Tetapi ia masih harus memberi mereka hukum yang dapat menjadi standar dan aturan untuk pengadilan. Maka, Allah membimbing mereka ke Gunung Sinai dan membuat mereka menguduskan diri. Ia kemudian memberi mereka Sepuluh Perintah Allah dan Hukum Taurat melalui Musa.

Bangsa Israel takut akan penampakan TUHAN Allah di Gunung Sinai. Allah memanggil Musa ke gunung Sinai mewakili mereka. Di sana, Allah Sendiri mengukir Sepuluh Perintah pada loh batu dan memberinya Hukum Taurat.

Akulah TUHAN, Allahmu,
yang membawa engkau keluar dari tanah Mesir,
dari tempat perbudakan. (Keluaran 20:2)

Jangan ada padamu allah lain di hadapan-Ku ... (ayat 3)

menyembah kepadanya atau beribadah kepadanya ... (ayat 4-5)

Jangan menyebut nama TUHAN,
Allahmu, dengan sembarangan ... (ayat 7)

Ingatlah dan kuduskanlah hari Sabat ... (ayat 8).

Hormatilah ayahmu dan ibumu ... (ayat 12)

Jangan membunuh...(ayat 13)

Jangan berzinah (ayat 14)

Jangan mencuri...(ayat 15)

Jangan mengucapkan saksi dusta tentang sesamamu...
(ayat 16)

Jangan mengingini rumah sesamamu...(ayat 17)

(Keluaran 20:2-17)

Terlebih lagi, Allah memberi mereka undang-undang dan hukum yang terinci mengenai mezbah, pelayan, kekerasan, ganti rugi, moralitas, keadilan, dan kesejahteraan.

Sepuluh Perintah Allah dapat dianggap sebanding dengan konstitusi sebuah negara di masa kini. Undang-undang dan hukum adalah peraturan yang mengatur tentang masalah pemerintahan sipil, kriminal, dan keluarga. Undang-undang dan hukum adalah peraturan terperinci dari Sepuluh Perintah Allah. Mereka mengurusi masalah-masalah yang dapat terjadi dalam kehidupan keseharian mereka.

Itu adalah aturan-aturan yang diberikan menurut struktur sosial pada saat itu, dengan keadilan dan kasih Allah. Karenanya, Sepuluh Perintah Allah dan aturan-aturan itu tidak diberikan untuk menjadi beban bagi orang Israel.

Yang terutama, Sepuluh Perintah bukan hanya sekedar peraturan. Itu adalah perintah mutlak yang melampaui tingkatan moralitas pribadi. Sepuluh Perintah Allah mungkin kelihatan seperti sebuah hukum dan aturan di permukaan, tetapi juga mengandung perjanjian keselamatan. Bangsa Israel diselamatkan dari kematian anak-anak sulung di Mesir dengan membubuhkan darah, yang mewakili darah Tuhan Yesus, di kedua tiang pintu dan ambang batasnya. Demikianlah, mereka dapat menerima keselamatan saat mereka hidup dalam firman Allah dengan memegang Sepuluh Perintah.

Terlebih lagi, Allah tidak hanya memberikan perintah-Nya sendiri dan memaksa mereka untuk menaatinya. Ia pertama-tama membuat bangsa Israel mengalami berbagai pekerjaan penuh kuasa sehingga mereka dapat percaya dan taat bersedia taat. Sepuluh Perintah itu adalah standar baku untuk bangsa Israel dapat menjadi bangsa pilihan Allah atau bukan.

Demikianlah, sampai sekarang, memegang perintah-perintah Allah akan mempengaruhi keselamatan kita dan juga akan menentukan apakah kita dapat kasih dan berkat Allah atau tidak.

Sepuluh Perintah Allah itu adalah rangkuman dari ke-66 kitab di dalam Alkitab, firman Allah. Jika kita memahami makna rohani di dalamnya dan memegang semua firman itu, maka kita akan dapat memahami kehendak Allah dan mengikutinya.

Kemah Suci

Saat di Gunung Sinai, Allah juga memberi tahu Musa tentang Kemah Suci secara mendetil. Kemah Suci adalah sebuah tempat untuk Allah diami; dengan pengertian seperti gereja di masa sekarang.

Kemah Suci adalah sebuah tempat kudus. Ruang Maha Kudus, khususnya dibuat terpisah di dalam Kemah Suci itu. Hanya imam tinggi yang dapat masuk ke sana sekali setahun untuk penebusan dosa, dan orang-orang berdosa tidak boleh masuk ke sana.

Tetapi saat Yesus mati di kayu salib bagi kita, tirai yang memisahkan Ruang Kudus dan Ruang Maha Kudus terbelah menjadi dua. Artinya jalan bagi kita untuk datang ke hadapan Allah telah terbuka (Ibrani 10:19-20). Sebelum saat itu tiba, orang-orang hanya dapat datang kepada Allah melalui para imam, tetapi sekarang kita dapat berkomunikasi langsung dengan Allah.

Alasannya mengapa Allah menyuruh mereka membangun Kemah Suci adalah karena Ia tahu dengan baik akan hati manusia. Allah menyuruh mereka membuat Kemah Suci yang kelihatan dan membuat kemuliaan-Nya tinggal di atasnya karena ia mengetahui hasrat manusia yang ingin melihat hal-hal yang kelihatan dan menyentuh hal-hal yang bisa disentuh.

Terlebih lagi, hal itu juga digunakan untuk pengampunan dosa. Sebab tidak akan terelakkan bahwa orang-orang akan melakukan kejahatan setelah Sepuluh Perintah Allah dan undang-undang diberikan.

Hukum dalam Perjanjian Lama adalah 'mata ganti mata, gigi ganti gigi, tangan ganti tangan, dan kaki ganti kaki'. Mereka tidak dapat menemukan dosa dan kejahatan di dalam hati mereka karena saat itu belum masanya Roh Kudus. Maka, satu-satunya cara untuk mencegah kejahatan adalah pembalasan yang tegas. Sama seperti sedikit ragi akan menyebar ke seluruh roti dengan sangat cepat, bahkan kejahatan walaupun kecil akan menyebar dan berkembang dengan sangat cepat jika dibiarkan begitu saja. Karena itulah Allah memberikan hukuman yang tegas kepada mereka.

Tetapi seandainya seseorang secara tidak sengaja menyebabkan tangan orang lain menjadi cacat, dan ia harus membuat tangannya sendiri menjadi cacat kalau menuruti Hukum Taurat. Maka akan ada banyak orang Israel yang akan menjadi cacat sebelum mereka mencapai Tanah Kanaan.

Karenanya, Allah membuka jalan bagi orang-orang yang berbuat dosa untuk datang ke Kemah Suci dengan persembahan mereka, sehingga mereka dapat diampuni dari dosa. Kitab Imamat menulis tentang cara-cara berbeda dalam mempersembahkan korban dan cara-cara penebusan yang membuat pendosa dapat diampuni dari dosanya di hadapan Allah.

Seperti dikatakan *"Jadilah kudus, karena Aku kudus"* (Imamat 11:45), kitab Imamat adalah buku panduan untuk berdamai antara Allah dan manusia. Kitab itu memfokuskan pada bagaimana manusia dapat menjalani hidup kudus seperti Allah Yang Kudus. Korban juga dilakukan melalui perantaraan imam melambangkan bahwa kita hanya dapat datang kepada Allah melalui Yesus Kristus.

Kasih Musa, Hamba Allah

Musa sedang berpuasa selama empat puluh hari di Gunung Sinai saat ia menerima Sepuluh Perintah Allah dan rincian tentang Kemah Suci. Sinai adalah Pegunungan Berbatu yang bahkan sulit untuk ditumbuhi pohon yang dapat menyediakan naungan dari matahari yang terik.

Sementara Musa sedang berpuasa dan berkomunikasi dengan Allah di tempat terpencil ini, di mana ia bahkan tidak dapat memperoleh air minum, terjadi suatu hal yang tidak terduga di perkemahan.

Orang-orang menjadi tidak sabar karena tidak ada kabar dari Musa yang sedang berada di gunung, dan mereka meminta sesuatu kepada Harun.

Mereka berkata kepadaku: Buatlah untuk kami allah, yang akan berjalan di depan kami sebab Musa ini, orang yang telah memimpin kami keluar dari tanah Mesir—kami tidak tahu apa yang telah terjadi dengan dia. (Keluaran 32:23).

Harun tidak dapat lagi memenuhi permintaan orang-orang

itu sehingga ia membuat anak lembu emas. Israel melakukan dosa jahat dengan menyembah berhala. Mereka memberikan korban persembahan di hadapan anak lembu itu dan kemudian merayakannya dengan makan dan minum. Mereka telah menerima begitu banyak kasih karunia dari Allah, tetapi mereka membuang Allah.

Untuk dapat menerima kehendak Allah dan membimbing orang-orang itu, Musa berpuasa bahkan tanpa minum air selama empat puluh hari, tetapi orang Israel malah menyembah berhala yang dibenci Allah. Bagaimana perasaan Musa ketika ia melihat mereka melakukan dosa yang seperti itu?

Hati Musa sungguh terbakar oleh perbuatan mereka dan ia melemparkan dua loh batu itu dari tangannya dan membuangnya di kaki gunung. Ia mengambil anak lembu emas itu dan menggilingnya sampai menjadi abu, dan menyuruh orang Israel untuk meminum airnya. Allah sungguh murka kepada mereka sehingga Ia hendak menghancurkan mereka. Allah mengatakan kepada Musa bahwa Ia akan membuat sebuah bangsa melalui keturunannya.

Kita dapat menemukan orang-orang dalam sejarah dunia yang merencanakan pemberontakan untuk menyingkirkan raja dan mengambil tahta. Mereka melakukannya untuk kepentingan atau keuntungan mereka sendiri. Orang-orang yang memiliki keinginan demikian akan sangat senang bila dapat membentuk sebuah negara melalui mereka sendiri dan memberikan bangsa itu bagi keturunannya.

Dan saat itu Allah smengatakan bahwa Ia akan membentuk sebuah bangsa yang besar melalui satu orang. Orang itu adalah Musa. Tetapi Musa lebih memilih mengorbankan nyawanya untuk menyelamatkan orang Israel yang berbuat begitu jahat.

Lalu kembalilah Musa menghadap TUHAN dan berkata: "Ah, bangsa ini telah berbuat dosa besar, sebab mereka telah membuat allah emas bagi mereka. Tetapi sekarang, kiranya Engkau mengampuni dosa mereka itu—dan jika tidak, hapuskanlah kiranya namaku dari dalam kitab yang telah Kautulis!" (Keluaran 32:31-32).

Di sini, 'Kitab yang telah Kautulis' maksudnya adalah Kitab Kehidupan dimana nama-nama orang yang diselamatkan tertulis. Orang-orang yang namanya tidak tertulis di dalam kitab ini akan masuk ke dalam api neraka yang kekal.

Musa tahu pasti apa artinya bila namanya dihapus dari Kitab Kehidupan, dan ia lebih tahu daripada siapa pun akan ngerinya neraka. Tetapi ia memohon kepada Allah agar mengampuni bangsa itu dengan menawarkan rohnya sendiri. Lewat doanya yang begitu sungguh-sungguh, Allah akhirnya mengampuni bangsa itu itu sekali lagi.

Dari kitab Mazmur kita dapat memahami betapa bani Israel memedihkan hati Musa.

Berapa kali mereka memberontak terhadap Dia di

padang gurun, dan menyusahkan hati-Nya di padang
belantara! (Mazmur 78:40).

Hal yang sama juga terjadi sampai sekarang. Ada orang-orang yang disembuhkan dari penyakit-penyakit yang tidak dapat disembuhkan oleh ilmu kedokteran atau telah menerima jawaban atas berbagai masalah hidupnya. Tapi setelah waktu berlalu, mereka menganggapnya sebagai suatu kebetulan dan mereka meragukan dan meninggalkan Allah. Hal inilah yang membuat Allah sangat berduka.

Perjanjian Diperbarui dan Kemah Suci Diselesaikan

Saat insiden itu diselesaikan oleh kemurahan Allah, Musa membelah dua loh batu sama seperti yang sebelumnya dan pergi ke Gunung Sinai lagi. Ia berpuasa lagi selama empat puluh hari dan menerima Sepuluh Perintah Allah pada loh batu itu.

Kemudian ia kembali kepada bangsa itu dan memanggil seluruh jemaat serta menyuruh mereka untuk secara sukarela memberikan persembahan untuk Kemah Suci TUHAN Allah.

Ambillah bagi TUHAN persembahan khusus dari
barang kepunyaanmu; setiap orang yang terdorong
hatinya harus membawanya sebagai persembahan
khusus kepada TUHAN: emas, perak, tembaga.
(Keluaran 35:5).

Orang-orang segera pergi ke kemah masing-masing dan membawa persembahan untuk Allah. Ada yang membawa anting-anting, cincin meterai dan gelang, segala macam barang emas. Yang lain membawa bulu domba dan bulu biri-biri serta bahan kulit murni yang tidak bercela. Perempuan-perempuan yang trampil menenun benang wol dengan tangannya dan membawa hasil pekerjaan mereka.

Sesudah itu datanglah setiap orang yang tergerak hatinya, setiap orang yang terdorong jiwanya, membawa persembahan khusus kepada TUHAN untuk pekerjaan melengkapi Kemah Pertemuan dan untuk segala ibadah di dalamnya dan untuk pakaian kudus itu. (Keluaran 35:21).

Setiap orang memberikan persembahannya dengan perasaan bahagia. Mereka memberi jauh lebih dari cukup untuk pekerjaan pembangunan. Musa harus menyuruh mereka untuk berhenti membawakan persembahan lagi. Allah selalu senang dengan persembahan yang diberikan dengan rela dan hati gembira.

Ada orang-orang yang mengkritik gereja yang membangun bangunan gereja yang besar dengan mengatakan bahwa uangnya lebih baik dipakai untuk pekerjaan amal. Tetapi jauh lebih penting untuk membangun bait Allah dengan kekuatan seluruh jemaat dan bukan hanya beberapa orang.

Akhirnya, bani Israel mulai membangun Kemah Suci yang

diperintahkan oleh Allah untuk mereka bangun. Pertama-tama, mereka membuat Kemah Suci. Kemudian mereka membuat tabut kesaksian (juga disebut tabut perjanjian), meja, kandil lampu, mezbah korban bakaran, dan jubah para imam. Kemudian setelah mereka menyelesaikan pembangunan Kemah Suci mereka mempersembahkannya kepada Allah. Musa meletakkan tabut perjanjian di dalam Kemah Suci, menaruh mejanya, dan mengatur apa-apa yang harus diletakkan di sana, menyalakan lampu-lampu di kandil. Ia membasuh Harun dan anak-anaknya dengan air dan memakaikan pakaian kudus kepada mereka.

Pada waktu ini, awan telah diam di atas Kemah Suci dan kemuliaan Allah memenuhinya. Sejak saat itu awan kemuliaan Allah menaungi Kemah Suci pada siang hari dan ada api di awan itu pada malam hari. Seluruh umat dapat merasakan bahwa Allah menyertai mereka. Saat awan itu terangkat dari Kemah Suci, bani Israel akan berangkat; tetapi jika awan itu tidak terangkat, maka mereka tidak akan berangkat (Keluaran 40:36-38).

Tentu saja Allah membimbing mereka dengan tiang api dan tiang awan sejak dari Mesir sampai saat itu. Tetapi setelah pembangunan Kemah Suci, tiang awan tetap tinggal di atas Kemah Suci, sehingga bangsa Israel dapat merasakan hadirat Allah dengan lebih jelas.

Hal yang sama dibangun secara simbolis di dalam Bait Allah yang dibangun Salomo. Ada dua tiang yang disebut Yakhin dan Boas, yang melambangkan tiang api dan tiang awan yang dibuat

Allah untuk membimbing mereka di padang gurun.

Dosa Akibat Menentang Orang Pilihan Allah

Walaupun mereka menerima perintah Allah dan membuat Kemah Suci, bukan berarti bangsa Israel berubah sepenuhnya. Saat dihadapkan dengan kesulitan, mereka bersungut-sungut terhadap Musa, dan ketika mereka tidak setuju dengan suatu hal mereka bahkan mengkritiknya dan mengatakan bahwa ia tidak benar.

Misalnya, saat Musa mengambil seorang perempuan Etiopia sebagai istrinya, kakaknya Harun dan Miryam mengkritiknya. Bilangan 12:2 berkata, *"Sungguhkah TUHAN berfirman dengan perantaraan Musa saja? Bukankah dengan perantaraan kita juga Ia berfirman?"* Maksud mereka adalah mereka memiliki autoritas untuk menegur perbuatan salah yang Musa lakukan karena mereka juga nabi-nabi Allah.

Jika benar Musa memang telah melanggar firman Allah dan mereka lebih saleh daripada Musa, seperti yang mereka katakan, Allah pasti telah memilih mereka dan bukannya Musa.

Tetapi Allah memilih Musa. Kemudian, Allah tidak mengampuni Miryam dan Harun karena telah memarahi Musa, sebab Musa setia dalam segenap rumah Allah dan orang yang mengikuti hati Allah.

Lalu berfirmanlah Ia: "Dengarlah firman-Ku ini. Jika di antara kamu ada seorang nabi, maka Aku, TUHAN menyatakan diri-Ku kepadanya dalam penglihatan, Aku berbicara dengan dia dalam mimpi. Bukan demikian hamba-Ku Musa, seorang yang setia dalam segenap rumah-Ku. Berhadap-hadapan Aku berbicara dengan dia, terus terang, bukan dengan teka-teki, dan ia memandang rupa TUHAN. Mengapakah kamu tidak takut mengatai hamba-Ku Musa?" (Bilangan 12:6-8) .

Allah mencurahkan kemarahan-Nya terhadap Miryam dan Harun yang mengkritik Musa, dan Miryam terkena kusta. Musa berdoa kepada Allah untuk menyembuhkannya, tetapi Allah baru menyembuhkan Miryan setelah ia mengasingkan diri di luar perkemahan selama tujuh hari. Demikianlah, mengkritik orang pilihan Allah bukanlah dosa yang kecil.

Tetapi sekarang, ada banyak orang yang dalam pendapat pribadi mereka menghakimi dan mengkritik gereja atau orang-orang yang mengikuti kehendak Allah. Misalnya, jika sebuah gereja menjadi besar, meluaskan kerajaan Allah, ada orang yang menyebutnya sebagai 'komersialisme'. Mereka juga mengucapkan kata-kata fitnah terhadap orang-orang yang melakukan pekerjaan penuh kuasa dari Allah dan mengabarkan injil.

Bahkan ada juga orang-orang yang membuat rumor bohong untuk mengkritik gereja. Hal ini dapat dengan mudah menjadi dosa yang berat, karena menghalangi kerajaan Allah.

Saat mereka sedang bergerak menuju Tanah Kanaan, bangsa

Israel melihat banyak tanda-tanda dan keajaiban, tetapi mereka terus-menerus menentang dan bersungut-sungut kepada Allah dan Musa, orang pilihan Allah. Namun Allah tetap sabar menghadapi mereka; Ia terus saja menunjukkan kepada mereka begitu banyak pekerjaan penuh kuasa sehingga iman mereka dapat tumbuh. Ia bekerja melalui iman satu orang, Musa.

Dan juga, kapan pun Ia melakukan pekerjaan hebat, Allah akan berkata, *"Maka kamu akan mengetahui, bahwa Akulah TUHAN, Allahmu."* (Keluaran 16:12). Allah sungguh-sungguh ingin agar mereka tumbuh dalam iman dengan melihat kuasa Allah. Allah membimbing mereka untuk mengenal dan percaya kepada Allah dengan mengalami pekerjaan-pekerjaan Allah Yang Mahakuasa dan untuk taat dengan segenap hati mereka.

Di sini, mengenal Allah bukan berarti hanya mengenal-Nya dengan pengetahuan. 1 Yohanes 2:4 berkata, *"Barangsiapa berkata: Aku mengenal Dia, tetapi ia tidak menuruti perintah-Nya, ia adalah seorang pendusta dan di dalamnya tidak ada kebenaran."* Mengenal Allah adalah membuang semua dosa dan menyerupai Allah yang merupakan terang.

Karena itu, waktu di padang gurun sangatlah penting bagi bani Israel. Mereka menyaksikan begitu banyak pekerjaan penuh kuasa dari Allah melalui pemimpin mereka Musa dan dibimbing oleh Allah. Mereka akhirnya mencapai Kadesh-Barnea. Di hadapan mereka terbentang Tanah Kanaan, negeri yang sangat rindu ingin mereka masuki.

Bab 4

"Jika TUHAN Berkenan Kepada Kita"

- Pengakuan Yosua dan Kaleb -

Bilangan 14:6-9

❦

Tetapi Yosua bin Nun dan Kaleb bin Yefune, yang termasuk orang-orang yang telah mengintai negeri itu, mengoyakkan pakaiannya; dan berkata kepada segenap umat Israel: "Negeri yang kami lalui untuk diintai itu adalah luar biasa baiknya. Jika TUHAN berkenan kepada kita, maka Ia akan membawa kita masuk ke negeri itu dan akan memberikannya kepada kita, suatu negeri yang berlimpah-limpah susu dan madunya. Hanya, janganlah memberontak kepada TUHAN, dan janganlah takut kepada bangsa negeri itu, sebab mereka akan kita telan habis. Yang melindungi mereka sudah meninggalkan mereka, sedang TUHAN menyertai kita; janganlah takut kepada mereka."

Orang Israel memasuki Tanah Perjanjian Kanaan satu tahun setelah Keluaran dari mesir. Secara normal, dari Mesir ke Kanaan, hanyalah beberapa hari jika mereka mengambil jalan memotong. Bahkan dengan jumlah orang yang banyak, perjalanan itu hanya akan menghabiskan waktu selama dua bulan saja.

Tetapi Allah menuntun mereka ke jalan yang lebih aman, ke padang gurun, dimana mereka berjalan keliling. Hal itu dilakukan untuk menghindari konflik dengan bangsa lainnya yaitu bangsa Filistin.

Bayangkan saja lebih dari dua juta orang, dengan hewan-hewan ternaknya,harus melewati tanah dari negeri lain. Negeri manakah yang hanya berdiam dan melihat saja? Meskipun orang Israel tidak berkeinginan untuk melawan mereka, dengan gangguan dan ketidaknyamanan terhadap orang Filistin, konflik bisa saja terjadi.

Dalam perjalanan mereka di padang gurun, mereka kadang-kadang berdiam di satu tempat selama beberapa hari atau bahkan berbulan-bulan. Seperti yang dikatakan dalam Bilangan 9:22, *"Berapa lamapun juga awan itu diam di atas Kemah Suci, baik dua hari, baik sebulan atau lebih lama, maka orang Israel tetap berkemah dan tidak berangkat; tetapi apabila awan itu naik, barulah mereka berangkat,"* tanpa awan yang memimpin mereka, mereka tidak dapat keluar.

Kapanpun mereka menghadapi situasi yang sulit, untuk memberikan mereka kesempatan untuk menambahkan iman mereka, Allah membiarkan mereka melihat kuasa-Nya melalui Musa. Itu karena iman dari seluruh orang Israel dibutuhkan untuk pergi memasuki tanah Kanaan. Mereka keluar dari Mesir melalui iman satu orang dalam pekerjaan Tuhan, yaitu Musa. Tetapi untuk memenangkan perang melawan orang-orang Kanaan dan menaklukkan negeri itu, iman Israel keseluruhan haruslah bertumbuh.

Dua Belas Pengintai dari Kadesh-Barnea

Akhirnya, orang Israel sampai di Kadesh-Barnea, hanya beberapa jarak dengan Tanah Kanaan. Allah menyuruh Musa memilih seorang pemimpin dari dua belas suku

Karena telah ada bangsa lain yang hidup di sana, mereka harus mendapatkan beberapa informasi tentang orang-orang tersebut dan negeri tersebut, sebelum mereka dapat melawan mereka. Inilah awal dari cobaan untuk masuk ke dalam tanah Kanaan.

Agar kita dapat menerima berkat Tuhan, pertama-tama kita harus menyiapkan bejana untuk menerima berkat-berkat itu. Tentu saja, inilah kasih karunia Allah yang kita terima. Tetapi, seperti iman kita yang tumbuh kita pertama-tama harus memiliki kualifikasi untuk menerima berkat.

Sebagai contoh, bapa orang beriman, Abraham, menjadi orang yang benar dalam hati Allah setelah melewati cobaan-cobaan. Tetapi Allah tidak memberkatinya begitu saja. Hanya saat ia menyatakan imannya dengan melewati ujian dengan memberikan anak satu-satunya, Ishak, maka Allah memberinya berkat untuk menjadi sumber berkat.

Kedua belas pemimpin dari masing-masing suku harus memperlihatkan iman mereka setelah mereka mengintai Tanah Kanaan. Beberapa saat sebelum memasuki Tanah Kanaan, Orang Israel memiliki ekspektasi yang besar akan orang-orang ini. Mereka mungkin berharap bahwa orang-orang itu akan menjadi mata, telinga dan hati dalam melihat negeri itu.

Musa juga memberi mereka beberapa nasihat untuk diikuti dalam pengintaian negeri ini sebelum mereka pergi.

Pergilah dari sini ke Tanah Negeb dan naiklah ke pegunungan, dan amat-amatilah bagaimana keadaan negeri itu, apakah bangsa yang mendiaminya kuat atau lemah, apakah mereka sedikit atau banyak. dan bagaimana negeri yang didiaminya, apakah baik atau buruk? Bagaimana kota-kota yang didiaminya, apakah mereka diam di tempat-tempat yang terbuka atau di tempat-tempat yang berkubu? Dan bagaimana tanah itu, apakah gemuk atau kurus? Apakah ada di sana pohon-pohonan atau tidak? Tabahkanlah hatimu dan bawalah sedikit dari hasil negeri itu. (Bilangan 13:17-20).

Mereka mengintai Tanah Kanaan selama empat puluh hari lamanya, dan dengan yakin bahwa seperti yang dinyatakan Allah, negeri itu adalah negeri yang berlimpah dengan susu dan madu. Tanahnya baik dan buah-buah serta hasil panennya berlimpah-limpah.

Saat mereka tiba di Lembah Esol, di bagian utara-barat Yerusalem, mereka melihat anggur yang sangat bagus. Seperti yang Musa perintahkan untuk membawa beberapa buah, mereka memotong satu bagian anggur. Dan itu sangatlah besar, hingga mereka harus membawanya dengan galah di antara dua orang. Mereka juga mengambil beberapa buah delima dan buah ara.

Tetapi masalahnya adalah orang-orang yang diam di sana. Ada beberapa bangsa berbeda di Tanah Kanaan. Mereka sangatlah besar dan kuat. Mereka adalah orang dari Anak, bagian dari Nephilim.

Nephilim dalam bahasa Ibrani berati 'orang besar'. Mereka sangat besar, sehingga para pengintai itu berpikir mereka seperti belalang bagi orang-orang itu. Goliat orang Filistin itu tingginya enam hasta satu jengkal, yang hampir mendekati tiga meter. Jadi sekarang kita telah memiliki gambaran seberapa besarkah orang Kanaan ini?

Karena perawakan mereka besar, kota dan kubu pertahanan mereka juga besar (Ulangan 1:28). Sepuluh dari dua belas pengintai itu patah semangat saat mereka melihat kenyataan yang ada.

Perbedaan Pernyataan Kedua Belas Pengintai

Orang Israel mendengar hasil dari para pemimpin yang telah kembali pulang dari pengintaiannya dan mereka merasa gelisah. Pada saat itu, satu dari kedua belas pengintai, Kaleb anak Jefune, mencoba untuk menenangkan orang-orang yang patah semangat dan berkata dengan tegas, "Ayo bangkit!! dan ambil negeri itu!! Kita lebih dari mampu untuk mengalahkan mereka!" Tetapi, Apa yang didengarnya adalah kritikan tajam dari para pengintai lainnya yang mengintai negeri itu.

"Kita tidak dapat maju menyerang bangsa itu, karena mereka lebih kuat dari pada kita." Juga mereka menyampaikan kepada orang Israel kabar buruk tentang negeri yang diintai mereka, dengan berkata: "Negeri yang telah kami lalui untuk diintai adalah suatu negeri yang memakan penduduknya, dan semua orang yang kami lihat di sana adalah orang-orang yang tinggi-tinggi perawakannya. Juga kami lihat di sana orang-orang raksasa, orang Enak yang berasal dari orang-orang raksasa, dan kami lihat diri kami seperti belalang, dan demikian juga mereka terhadap kami." (Bilangan 13:31-33).

Orang Israel percaya pada laporan yang mematahkan

semangat dan negatif dari sepuluh pengintai itu daripada perkataan Kaleb.

"Kita datang sepanjang jalan dari Mesir, dan jika kami tidak bisa masuk Tanah Kanaan, apa yang akan kami lakukan di padang gurun ini di mana sangat sulit untuk menemukan satu tanaman saja?"

Dalam keputusasaan yang dalam, mereka mulai mengeluh melawan Musa dan Harun dan juga kepada Allah.

Bersungut-sungutlah semua orang Israel kepada Musa dan Harun; dan segenap umat itu berkata kepada mereka: "Ah, sekiranya kami mati di tanah Mesir! atau di padang gurun ini! Mengapakah TUHAN membawa kami ke negeri ini, supaya kami tewas oleh pedang? dan isteri serta anak-anak kami menjadi tawanan? Bukankah lebih baik kami pulang ke Mesir?" (Bilangan 14:2-3).

Orang Israel menangis dan meratap setiap malam dan mereka akhirnya datang dengan sebuah rencana untuk menunjuk pemimpin yang lain dan kembali ke tanah Mesir. Bagaimana pun masih ada dua hati yang menyala-nyala meskipun dalam situasi tegang ini.

Di antara dua belas pengintai itu, hanya Yosua dan Kaleb yang hatinya sedih melihat orang-orang yang tidak memiliki iman, dan mulai memohon kepada mereka sambil mengoyakkan pakaiannya.

Negeri yang kami lalui untuk diintai itu adalah luar biasa baiknya. Jika TUHAN berkenan kepada kita, maka Ia akan membawa kita masuk ke negeri itu dan akan memberikannya kepada kita, suatu negeri yang berlimpah-limpah susu dan madunya. Hanya, janganlah memberontak kepada TUHAN, dan janganlah takut kepada bangsa negeri itu, sebab mereka akan kita telan habis. Yang melindungi mereka sudah meninggalkan mereka, sedang TUHAN menyertai kita; janganlah takut kepada mereka. (Bilangan 14:7-9).

Tetapi bahkan pengakuan iman mereka yang benar tidaklah berguna melawan orang-orang yang telah patah semangat ini. Orang-orang bahkan hendak melempari keduanya dengan batu. Mereka tidak setuju dengan kenyataan akan situasi yang sulit ini.

Tetapi orang-orang beriman tidak melihat pada hal-hal yang nyata. Mereka mengerti apa yang menjadi keinginan Allah dan tahu bahwa mereka dapat mengerjakan apapun jika Allah bersama dengan mereka. Lalu mereka melakukan apa yang menjadi pengakuan mereka untuk membuat suatu tindakan iman.

Mazmur 37:4 mengatakan, *"Bergembiralah karena Tuhan; maka Ia akan memberikan kepadamu apa yang diinginkan hatimu."* Ibrani 11:6 mengatakan, *"Tetapi tanpa iman tidak mungkin orang berkenan kepada Allah, sebab barangsiapa*

berpaling kepada Allah, ia harus percaya bahwa Allah ada,
dan bahwa Allah memberi upah kepada orang yang sungguh-
sungguh mencari Dia."

Jika kita menyenangkan Allah dengan pengakuan dan
tindakan iman, maka hal-hal yang mustahil akan menjadi
mungkin dengan kekuatan Allah. Tapi bahkan setelah
mengalami begitu banyak pekerjaan Allah, kecuali Yosua
dan Kaleb, orang-orang Israel gagal dalam ujian iman untuk
menyenangkan Allah.

Orang Israel Menolak Allah

Allah marah ketika orang Israel terus bersungut-sungut.
Allah berkata bahwa Ia akan menghancurkan mereka dengan
penyakit sampar.

TUHAN berfirman kepada Musa: "Berapa lama lagi
bangsa ini menista Aku? dan berapa lama lagi mereka
tidak mau percaya kepada-Ku, sekalipun sudah ada
segala tanda mujizat yang Kulakukan di tengah-tengah
mereka? Aku akan memukul mereka dengan penyakit
sampar dan melenyapkan mereka, tetapi engkau akan
Kubuat menjadi bangsa yang lebih besar dan lebih
kuat dari pada mereka." (Bilangan 14:11-12).

Ampunilah kiranya kesalahan bangsa ini sesuai
dengan kebesaran kasih setia-Mu, seperti Engkau telah

mengampuni bangsa ini mulai dari Mesir sampai ke
mari. (Bilangan 14:19).

Harapan akan Tanah Kanaan kini telah pergi seperti gelembung. Hidup mereka dapat dapat diampuni hanya oleh perantaraan Musa, dan kecuali Yosua dan Kaleb, yang melakukan pengakuan iman, tak ada satupun dari generasi pertama Keluaran yang layak untuk masuk ke Tanah Kanaan. Seperti ucapan mereka yang berkata. "Akankah kita mati di Tanah Mesir! Atau akankah kita mati di padang gurun ini!" maka mereka pun mati di padang gurun. Lalu, janji Allah mengenai Tanah Kanaan diturunkan kepada anak-anak mereka yang berumur kurang dari dua puluh tahun, tetapi mereka masih harus mengembara di padang gurun selama empat puluh tahun karena dosa orangtua mereka.

Itu karena pengintaian selama empat puluh hari yang membuat menjadi empat puluh tahun, dan sepuluh pengintai yang membawa laporan yang sangat jelek tentang tanah itu dan membuat semua orang yang bersungut-sungut, mati karena tulah di hadapan TUHAN (Bilangan 14:36-38).

Oleh karena itu, kita harus mengerti betapa pentingnya pengakuan yang keluar dari bibir kita, dan janganlah yang keluar adalah perkataan yang serampangan. Kita harus jujur dan seksama dalam perkataan kita, dan penting untuk membuat pengakuan iman yang positif serta tidak mengucapkan perkataan-perkataan negatif.

Allah membebaskan orang-orang Israel dari Mesir melalui

Sepuluh Tulah. Ia membiarkan mereka menyeberangi Laut Teberau seolah di daratan yang kering. Ia mengubah air yang pahit menjadi manis; memberi mereka roti manna dan burung puyuh; dan memberi mereka air mengalir keluar dari batu. Ia menyertai mereka dengan tiang awan pada siang hari dan tiang api pada malam hari hingga mereka diam di dekat Tanah Kanaan. Dan tetap saja, sikap keras kepala mereka dan ketidakberimanan mereka sama seperti ketika mereka masih di Mesir.

Awal Kehidupan di Padang Gurun

Orang Israel mulai untuk menyesal dan meratap setelah mendengar firman Allah melalui Musa dan melihat kesepuluh pengintai itu mati karena tulah.

Dan keesokan harinya bangunlah mereka pagi-pagi hendak naik ke puncak gunung sambil berkata: "Sekarang kita hendak maju ke negeri yang difirmankan TUHAN itu; memang kita telah berbuat dosa." (Bilangan 14:40).

Mereka berkata mereka akan menyerang Tanah Kanaan sekarang, tetapi itu sudah terlambat. Musa tahu dengan baik bahwa Allah tidak bersama mereka karena mereka berdosa, dan ia mencoba untuk menghentikan mereka.

Janganlah maju, sebab TUHAN tidak ada di tengah-
tengahmu, supaya jangan kamu dikalahkan oleh
musuhmu, sebab orang Amalek dan orang Kanaan ada
di sana di depanmu dan kamu akan tewas oleh pedang;
dari sebab kamu berbalik membelakangi TUHAN.
maka TUHAN tidak akan menyertai kamu. (Bilangan
14:42-43).

Walaupun Musa menasehati, beberapa orang masih saja pergi dan menyerang pegunungan. Hasilnya adalah kekalahan yang mengerikan. Pergi masuk ke Tanah Kanaan seperti itu menunjukkan tak ada ketaatan dan juga iman.

Contoh yang sama adalah seperti seorang siswa yang gagal ujian masuk universitas tetapi datang untuk tahu jawaban dari ujian yang telah ia ambil itu. Tetapi bukan berarti ia sekarang dapat diterima di universitas. Hal seperti ini tidak akan terjadi. Ia harus belajar selama satu tahun, mengambil ujian lagi dan membuktikan dirinya.

Hal yang sama, ketika beberapa orang Israel pergi ke pegunungan, bukan berarti mereka sekarang memiliki iman, mereka berpura-pura memiliki iman. Daripada pergi masuk Tanah Kanaan seperti itu, mereka harus bertobat dari kejahatan mereka sepenuhnya dan membuat mereka memiliki iman rohani.

Jika mereka benar-benar bertobat dari dalam hati mereka, situasi ini akan berbeda. Tetapi perbuatan mereka itu tidak dilakukan dengan sikap pertobatan. Mereka hanya ingin menghindari hukuman dan mencoba untuk menutupi kesalahan mereka. Dan sekali lagi hal itu menghasilkan ketidaktaatan. Karena hal ini, mereka harus menghadapi luka karena kekalahan mutlak dan akhirnya, mereka memulai empat puluh tahun kehidupan mengembara di padang gurun. Apakah Anda merasa orang Israel melakukan hal bodoh? Faktanya adalah banyak orang sekarang melakukan tidak berbeda dengan yang dilakukan orang Israel saat itu.

Saat kita seharusnya pergi ke jalan kematian, Allah mengirimkan Anak-Nya yang Tunggal kepada kita. Ia menebus kita dari dosa dan menyertai kita ke jalan keselamatan. Tetapi bahkan orang-orang percaya lupa akan anugerah itu dan mengeluh melawan Tuhan saat mereka menghadapi kesulitan.

Generasi pertama Keluaran tidak bertobat dan kembali bahkan setelah menerima penghukuman mengembara mengelilingi padang gurun. Mereka tidak membuang kejahatan dari hati mereka dan mereka tidak memiliki iman. Hati Israel yang jahat membawa mereka pada insiden besar lainnya yang menyebabkan bencana yang besar datang atas seluruh kumpulan Israel, yaitu pemberontakan Korah.

Pemberontakan Korrah

Orang Israel pergi masuk ke dalam padang gurun oleh perkataan Allah. Mereka sangat membenci kehidupan mereka di padang gurun, seorang Lewi bernama Korah menghasut orang-orang untuk melawan Musa.

Korah adalah sepupu Musa. Ia berpikir bahwa Musa tidaklah lebih baik darinya dalam segala hal. Ia tidak suka fakta bahwa Musa dan Harun memiliki kekuasaan Imam. Ia menghasut 250 pemimpin yang berpengaruh untuk bergabung dengannya dan berdiri melawan Musa.

Maka mereka berkumpul mengerumuni Musa dan Harun, serta berkata kepada keduanya: "Sekarang cukuplah itu! Segenap umat itu adalah orang-orang kudus, dan TUHAN ada di tengah-tengah mereka. Mengapakah kamu meninggi-ninggikan diri di atas jemaah TUHAN?" (Bilangan 16:3).

Ia bertanya dengan sungguh-sungguh siapakah Musa dan Harus dan bagaimana mereka mengangkat sebagai pemimpin-pemimpin. Khususnya, Datan dan Abiram berbicara omong kosong dengan mengatakan semacam, "Sudah cukup buruk engkau membawa kami keluar dari negeri yang berlimpah dengan susu dan madu untuk membuat kami mati di padang gurun, dan sekarang kau juga mau menjadi pemimpin atas kami!"

Saat Musa tersungkur menutupi wajahnya di hadapan Allah, Allah berkata kepadanya *"Pisahkanlah dirimu dari tengah-tengah umat ini, supaya Kuhancurkan mereka dalam sekejap mata."* (Bilangan 16:21). Tetapi Musa meminta ampun dan berkata: *"Ya Allah, Allah dari roh segala makhluk! Satu orang saja berdosa, masakan Engkau murka terhadap segenap perkumpulan ini?"* (ayat 22). Allah memberinya jawaban.

Saat Musa selesai membicarakan tentang kematian Korah, Datan, dan Abiram, tiba-tiba tanah di bawah mereka beserta keluarga mereka terbelah. Korah dan keluarganya dan semua orang yang mengikutinya dengan seluruh harta milik mereka jatuh masuk ke dalam bumi. Dan kemudian bumi itu tertutup menutupi mereka.

Lagi keluarlah api, berasal dari pada TUHAN, lalu memakan habis kedua ratus lima puluh orang yang mempersembahkan ukupan itu. Saat itu seharusnya orang-orang sudah menyadari apakah yang menjadi kehendak Allah. Tetapi mereka malah bersungut-sungut melawan Musa dan Harun dengan mengatakan bahwa merekalah penyebab kematian umat TUHAN.

Saat mereka menghadapi hukuman mengembara mengelilingi padang gurun, seandainya mereka sungguh-sungguh menyesali kejahatan mereka dan bertobat, mereka tidak akan bersama dengan Korah. Mereka tidak akan mendukung seorang laki-laki yang menentang Musa, orang pilihan Allah.

Tetapi karena mereka tidak membuang kejahatan dari hati mereka dan melawan Allah, tulah pun dimulai dan 14.700 orang mati.

Tongkat Harun yang Bertunas dan Ular Tembaga

Allah yang penyabar merencanakan sesuatu untuk membuat bangsa itu kembali mengerti.

Allah berkata kepada Musa untuk mengambil sebuah tongkat dari pemimpin setiap suku, yang berjumlah dua belas tongkat. Allah menyuruhnya untuk menulis nama setiap pemimpin dari masing-masing suku pada tongkat, dan kemudian Ia menaruh tongkat-tongkat itu di Kemah Pertemuan. Allah ingin memperlihatkan kepada mereka bukti dengan membuat tongkat orang yang dipilih bertunas dalam waktu semalam.

Tongkat adalah pohon yang telah mati yang dipotong, jadi bagaimana bisa bertunas? Tetapi oleh pekerjaan Allah, satu dari tongkat-tongkat kering itu bertunas dalam waktu semalam. Tidak hanya itu, tongkat itu mengembangkan bunga, dan berbuahkan buah badam.

Tongkat itu jelas sekali milik Harun, juru bicara dan nabi bagi Musa. Allah secara langsung menunjukkan kepada orang-orang bahwa Ia menyertai Musa dan Harun. Ia menunjukkan mereka setiap bukti agar mereka memiliki iman.

Tetapi tanda ini pun tidak ada gunanya bagi mereka. Bahkan setelah mereka melhat hal ini, saat mereka tidak memiliki air untuk diminum atau bosan makan roti manna setiap hari, mereka bersungut-sungut sama seperti sebelumnya.

Dan bertengkarlah bangsa itu dengan Musa, katanya:
"Sekiranya kami mati binasa pada waktu saudara-saudara kami mati binasa di hadapan TUHAN!
Mengapa kamu membawa jemaah TUHAN ke padang gurun ini, supaya kami dan ternak kami mati di situ?

Mengapa kamu memimpin kami keluar dari Mesir, untuk membawa kami ke tempat celaka ini? yang bukan tempat menabur, tanpa pohon ara, anggur dan delima, bahkan air minumpun tidak ada." (Bilangan 20:3-5).

Mereka bahkan menyebut roti manna pemberian Allah sebagai "roti yang tidak berharga' mereka menghina kasih karunia Allah (Bilangan 21:5). Maka, hukuman Allah ditimpakan atas mereka, ular tedung beracun keluar dan menggigit banyak orang serta membunuh mereka. Barulah saat itu orang-orang Israel bertobat.

Saat Musa berdoa untuk orang Israel, Allah memberinya jalan untuk menghindari bencana itu. Allah menyuruhnya untuk membuat ular tembaga dan menaruhnya pada sebuah tiang. Siapa saja yang melihat ular tembaga itu akan tetapi hidup setelah mereka dipagut ular tedung. Allah mempertimbangkan ketaatan orang Israel atas perkataan Musa sebagai iman dan menyembuhkan mereka.

Ular tedung itu bukanlah ular yang sebelumnya tidak ada di padang gurun dan tiba-tiba saja muncul. Di padang gurun, bukan hanya ada ular tetapi juga kalajengking dan serangga yang beracun. Tetapi karena Allah melindungi mereka sepenuhnya, hewan-hewan itu tidak dapat menyentuh mereka. Tetapi saat mereka bersungut-sungut dan berdosa, Allah tidak dapat lagi melindungi mereka dan mereka pun celaka.

Biasanya, ketika orang menghadapi kesulitan-kesulitan

seperti kecelakaan, penyakit, atau masalah apa pun, mereka akan mengeluhkan nasibnya dan menganggap hal itu sebagai suatu kebetulan. Tetapi saat kita memiliki suatu masalah, selalu ada adalasan rohani mengapa hal itu terjadi, seperti orang israel yang harus menemukan penyebab dan solusi dari Allah tentang masalah ular tedung itu. Dan seperti orang Israel yang bertobat dari dosa-dosa mereka dan datang ke hadapan Musa, kita pun harus bertobat dari dosa-dosa kita dan datang ke hadapan Allah. Saat kita bertobat untuk menghancurkan tembok dosa dan hidup dengan firman Allah, apa pun masalahnya akan dapat diselesaikan.

Di sini, melihat pada ular tembaga yang ada di tiang adalah representasi simbolis dari Yesus Kristus, yang akan menyelamatkan kita dari kutuk Hukum Taurat, seperti yang tertulis dalam Yohanes 3:14-15, *"Dan sama seperti Musa meninggikan ular di padang gurun, demikian juga Anak Manusia harus ditinggikan, supaya setiap orang yang percaya kepada-Nya beroleh hidup yang kekal."*

Orang-orang yang taat pada firman Allah dan melihat ular tembaga akan selamat. Demikian juga, ketika jiwa-jiwa yang pergi menuju jalan kematian melihat Yesus di kayu salib dan menerima Ia sebagai Juru Selamat, mereka akan menerima keselamatan. Seperti inilah ular tembaga itu digambarkan.

Penaklukan Sungai Yordan Timur dan balaam

Harun adalah juru bicara dan kakak tertua Musa. Ia telah

melalui seluruh proses Keluaran dan saat waktu berlalu, Harun menghembuskan nafas terakhirnya di Gunung Hor.

Empat puluh tahun sudah hampir berakhir. Orang Israel hampir mengakhiri kesukaran mereka di padang gurun dan berjalan menuju Tanah Perjanjian.

Untuk ini, orang Israel berperang dengan Sihon, raja orang Amori dan Og, raja Basan. Bani Israel ingin melewati tanah mereka, tetapi mereka tidak mengizinkan sehingga perang pun terjadi. Tetapi Allah menyertai orang Israel, dan mereka dengan mudah menaklukkan daerah sebelah timur Yordan.

Orang Israel kemudian pergi ke arah utara dan berkemah di tanah Moab di bagian timur Yordan.

Ketika bangsa Israel menaklukkan tanah Amori dan Basan, dan berkemah di tanah Moab, Balak, raja Moab, menjadi marah. Dalam kemarahan besar, ia mengirimkan utusan kepada Bileam yang hidup di Peteor, untuk mengutuk orang-orang Israel.

Bileam bukanlah seorang Yahudi, tetapi ia dapat berkomunikasi dengan Allah. Saat ia berdoa menanyakan apa yang menjadi kehendak Allah, dan Allah menjawabnya, *"Janganlah engkau pergi bersama-sama dengan mereka, janganlah engkau mengutuk bangsa itu, sebab mereka telah diberkati."* (Bilangan 22:12).

Maka ia menolak permintaan Balak, raja Moab itu. Tetapi Balak menyiapkan lebih banyak lagi emas dan perak dan mengirimkannya ke Bileam melalui pemimpin-pemimpin yang lebih terhormat dari yang sebelumnya ia kirim. Hati Bileam sekarang bergoncang, dan ia kembali menanyakan kehendak Allah.

Jadi Allah membiarkan ia menghadap raja Moab. Ini bukan soal Allah mengubah pendirian-Nya. Ini karena Allah tahu perubahan hati dan keinginan Bileam, dan Allah membiarkan Bileam melakukan apa yang menjadi keinginan hatinya. Allah bahkan membuka mulut seekor keledai dan keledai itu berbicara kepada Bileam untuk membuatnya mengerti bahwa apa yang dia lakukan tidak benar. Tetapi ia tidak berbalik.

Tentu saja, Bileam tidak benar-benar mengutuki orang Israel bahkan sampai saat ia pergi menghadap Balak. Balak menjamu Bileam dengan sangat baik, dan memintanya untuk mengutuki bangsa Israel dari tempat tinggi Baal. Tetapi Bileam malah memberkati bangsa Israel dengan perkataan firman yang diberikan kepadanya.

Balak meminta Bileam untuk mengutuki mereka tiga kali dengan lokasi yang berbeda, tetapi Bileam hanya memberkati Israel.

Alangkah indahnya kemah-kemahmu, hai Yakub, dan tempat-tempat kediamanmu, hai Israel! Sebagai lembah yang membentang semuanya; sebagai taman di tepi sungai; sebagai pohon gaharu yang ditanam TUHAN; sebagai pohon aras di tepi air. (Bilangan 24:5-6).

Bileam tidak melakukan perkataan yang melawan keinginan Allah untuk mengutuk bangsa Israel. Tetapi ia masih menginginkan hadiah dan barang-barang mahal sehingga ia memiliki sebuah gagasan. Ia ingin membuat bangsa Israel melakukan dosa, sehingga Allah akan memalingkan wajah-Nya dari mereka.

Jadi, ketika orang Moab memberikan persembahan pada allah mereka, Bileam membuat mereka mengundang bangsa Israel. Bangsa Israel datang ke tanah Moab, dan makan serta minum dan berlutut di hadapan berhala. Mereka digoda dan dirayu. Mereka berbuat cabul dan melakukan percabulan dengan wanita-wanita Moab. Dosa ini menyebabkan tulah yang membunuh banyak orang.

Alkitab menyebut Bileam sebagai seorang yang pergi ke jalan maut dengan kecintaannya akan upah kejahatan akan dan hal itu mengingatkan kita untuk tidak mencontoh dia. Tentu saja, ia bukannya tidak menaati kehendak Allah dari awal. Tetapi ia tidak dapat melawan godaan akan uang dan saat pikirannya direbut, ia akhirnya berubah menjadi jahat.

Hari ini, ada bayak keadaan dimana orang-orang cinta uang dan berkompromi dengan dunia, dan berbuat dosa di hadapan Allah. Dengan hasrat akan uang, mereka melawan perintah Allah. Mereka tidak menjaga kekudusan Hari Tuhan. Mereka pelit untuk memberikan perpuluhan dan bahkan seringkali 'merampok Allah.' Tetapi berkompromi dengan dunia dan mencintai sesuatu lebih dari Allah adalah sama seperti melakukan perbuatan zina secara rohani. Bileam yang bodoh memperoleh banyak hal untuk beberapa waktu, tetapi dengan cepat ia menghadapi akhir yang tragis dan dibunuh oleh bangsa Israel. Meskipun tertunda sementara karena kelicikan Bileam, Israel masih bisa menaklukkan daerah sebelah timur Yordan. Wilayah ini diambil oleh suku Ruben, Gad, dan sebagian suku Manasye sesuai permintaan mereka.

Anak-anak pada masa Keluaran dulu kini telah bertumbuh menjadi orang dewasa, dan mereka kini memainkan peranan utama dalam memimpin Israel. Semua generasi pertama Keluaran, kecuali dua orang, mati di padang gurun karena sungut-sungut mereka melawan Allah di Kadesh-Barnea. Musa dan Harun pun tidak dapat masuk ke dalam Tanah Kanaan karena, sebagai pemimpin, mereka harus bertanggung jawab atas hal itu.

Hanya Yosua dan Kaleb yang menerima janji bahwa mereka akan masuk ke Tanah Kanaan bersama dengan generasi berikutnya. Tidak seperti orang-orang yang masih mengeraskan hati setelah melihat begitu banyak keajaiban dan kematian di padang gurun, mereka berdua telah mengubah hati mereka dengan kebenaran dan meningkat ke dalam iman yang sejati.

Mereka bahkan tidak takut melihat orang-orang raksasa di Kanaan dan benteng pertahanan mereka yang kuat. Mereka menyatakan, *"Jika TUHAN berkenan kepada kita, maka Ia akan membawa kita masuk ke negeri itu dan akan memberikannya kepada kita, suatu negeri yang berlimpah-limpah susu dan madunya."* (Bilangan 14:8). Pernyataan Yosua dan Kaleb dapat juga digunakan untuk kita sekarangadalam hal yang sama.

Mari kita menyadari bahwa jika Allah berkenan dengan kita, apa pun adalah mungkin bagi kita. Saya berharap anda akan meminta iman yang sejati dan menerima jawaban.

Bab 5

"TUHAN Allahmu Menyertai Engkau"

- Pengganti Musa -

Yosua 1:6-9

❧❧❧

Kuatkan dan teguhkanlah hatimu, sebab engkaulah yang akan memimpin bangsa ini memiliki negeri yang Kujanjikan dengan bersumpah kepada nenek moyang mereka untuk diberikan kepada mereka. Hanya, kuatkan dan teguhkanlah hatimu dengan sungguh-sungguh, bertindaklah hati-hati sesuai dengan seluruh hukum yang telah diperintahkan kepadamu oleh hamba-Ku Musa; janganlah menyimpang ke kanan atau ke kiri, supaya engkau beruntung, ke manapun engkau pergi. Janganlah engkau lupa memperkatakan kitab Taurat ini, tetapi renungkanlah itu siang dan malam, supaya engkau bertindak hati-hati sesuai dengan segala yang tertulis di dalamnya, sebab dengan demikian perjalananmu akan berhasil dan engkau akan beruntung. Bukankah telah Kuperintahkan kepadamu? kuatkan dan teguhkanlah hatimu! Janganlah kecut dan tawar hati, sebab TUHAN, Allahmu, menyertai engkau, ke manapun engkau pergi.

Empat puluh tahun di padang gurun bukan hanya waktu penghukuman untuk bangsa Israel yang tidak dapat melihat dengan iman, tetapi juga merupakan saat-saat pelatihan rohani. Itu merupakan waktu bagi generasi kedua Keluaran untuk bertemu dengan Allah, mengalami Allah, dan memperoleh iman.

Allah membiarkan kita melalui saat-saat pelatihan yang beraneka ragam sehingga kita dapat memiliki iman rohani terlebih dahulu sebelum ia memberkati kita. Tanpa iman rohani, kita tidak dapat diselamatkan dan masuk ke dalam kerajaan surga.

Dan juga, jika Allah memberi kita berkat sebelum kita memiliki iman rohani, sepertinya banyak dari kita akan kembali ke dunia. Inilah sebabnya Allah membiarkan kita melihat pekerjaan-Nya yang ajaib dan kadang-kadang membiarkan kita melalui pencobaan-pencobaan berat sehingga iman kita dapat bertumbuh.

Tentu saja, jangka waktu seseorang yang telah menjadi seorang Kristen tidak terlalu menjadi masalah baginya agar menerima berkat jasmani dan rohani dan untuk menerima kuasa serta kekuatan rohani. Hal itu tergantung pada iman rohani yang kita miliki. Iman rohani dapat diberikan ketika kita memegang firman Allah dalam hati kita dan mengubah hati kita.

Hanya Musa, Yosua dan Kaleb yang selamat bersama-sama dengan generasi kedua. Setiap orang dari generasi pertama Keluaran mati di padang gurun.

Khothbah Terakhir Musa

Setelah empat puluh tahun, ketika tiba waktunya untuk masuk ke Tanah Kanaan, Musa mulai memberikan khotbah yang panjang. Seperti seorang ayah yang sedang memberikan surat wasiatnya kepada anak-anaknya dengan penuh perhatian. Ia memberikan nasihat terakhirnya dengan kasih sayang yang besar kepada orang-orang Israel yang harus menaklukkan Tanah Kanaan setelah kematiannya.

Sebetulnya, seluruh isi kothbah itu ada di dalam kitab Ulangan. Kitab Ulangan adalah pesan tentang Hukum Taurat dari hal-hal yang Musa ajarkan kepada bangsa Israel saat di Tanah Moab.

Musa menegaskan bahwa generasi pertama Keluaran tidak dapat menerima tanah Kanaan sebagai warisan karena ketidaktaatan mereka. Ia mencoba untuk membawa mereka pada sebuah pengertian bahwa ketaatan kepada Allah adalah jalan pintas untuk menerima berkat dan ketaatan adalah kewajiban utama manusia. Kitab Ulangan adalah sebuah penuntun dan sebuah buku pelajaran yang menjelasakan prinsip-prinsip dasar dan pengertian dasar yang harus dimiliki oleh anak-anak Allah. Kuncinya adalah bahwa mereka harus memegang perintah-perintah Allah.

Maka lakukanlah semuanya itu dengan setia, seperti yang diperintahkan kepadamu oleh TUHAN, Allahmu. Janganlah menyimpang ke kanan atau ke kiri. Segenap jalan, yang diperintahkan kepadamu oleh TUHAN, Allahmu, haruslah kamu jalani, supaya kamu hidup, dan baik keadaanmu serta lanjut umurmu di negeri yang akan kamu duduki. (Ulangan 5:32-33).

Jika engkau baik-baik mendengarkan suara TUHAN, Allahmu, dan melakukan dengan setia segala perintah-Nya yang kusampaikan kepadamu pada hari ini, maka TUHAN, Allahmu, akan mengangkat engkau di atas segala bangsa di bumi. (Ulangan 28:1)

Tema itu berulang terus menerus di dalam Kitab Ulangan, bahwa kita akan diberkati ketika kita memegang perintah-perintah Allah dan kita akan dikutuk apabila kita tidak melakukannya. Hal ini tidak diberikan untuk menakuti orang-orang atau menjadi beban bagi mereka. Seperti yang dikatakan dalam Ulangan 10:13, *"Berpegang pada perintah dan ketetapan TUHAN yang kusampaikan kepadamu pada hari ini, supaya baik keadaanmu,"* itu adalah pesan yang memberitahu mereka jalan untuk memperoleh kebahagiaan sejati.

Sejak kejatuhan Adam, dunia ini jatuh ke bawah kendali Iblis musuh kita. Siapa yang tidak percaya dalam Tuhan ditakdirkan untuk menderita ujian-ujiandan pencobaan dibawah kendali Iblis. Oleh karena itu, agar hidup kita diberkati, kita harus memisahkan diri dari kegelapan dan memegang firman Allah yang merupakan terang.

1 Yohanes 1:6 mengatakan, *"Jika kita katakan, bahwa kita beroleh persekutuan dengan Dia, namun kita hidup didalam kegelapan, kita berdusta dan kita tidak melakukan kebenaran."* Orang-orang yang tidak memegang perintah-perintah Allah adalah orang-orang yang berdiam dalam kegelapan, dan mereka adalah milik kepunyaan musuh kita.

Jadi, ketika iblis musuh kita membawa ujian dan cobaan untuk orang-orang seperti itu, Allah tidak dapat melindungi mereka. Misalnya, ada peraturan tentang lampu lalu lintas yang dibuat oleh suatu negara untuk menjamin keselamatan para pejalan kaki dan arus lalu lintas. Para pengemudi dan pejalan kaki dapat dilindungi ketika mereka taat pada peraturan lalu lintas. Di sisi lain jika ada satu orang atau yang lain melanggar lampu itu, maka mereka tidak mendapatkan perlindungan.

Sama juga halnya, ketika kita memegang hukum Allah kita dapat dilindungi, tetapi apabila sebaliknya, maka kita tidak dapat dilindungi. Musa tahu akan fakta ini dengan baik, dan menasehati bangsa Israel untuk memegang perintah-perintah Allah di setiap waktu.

Musa tidak dapat masuk ke Tanah kanaan, tetapi ia memberkati bani Israel (Ulangan pasal 33).

Hanya dengan imannya sendiri, ia dapat memasuki Tanah Kanaan, tetapi sebagai pemimpin dari generasi pertama Keluaran yang tidak memiliki iman, ia tidak daapat diperkenankan untuk masuk ke dalam negeri itu. Itu karena sebagai pemimpin ia bertanggung jawab (Ulangan 3:25-26). Umumnya, bahkan di dunia, beberapa pemimpin atau direktur kehilangan posisi mereka karena kesalahan bawahan mereka. Hal ini pun kurang lebih sama.

Sebelum Allah mengambil Musa yang Ia kasihi, ia memperlihatkan Tanah Kanaan kepada Musa untuk menghiburnya. Allah mengasihi Musa melebihi siapa pun karena ia taat akan keinginan Allah dan menuntun banyak orang dengan kelemahlembutan. Karena itulah Allah mengizinkannya melihat Tanah Kanaan dari jauh, meskipun ia jelas tidak dapat masuk ke negeri itu.

Allah menuntun dia dari tanah Moab ke Gunung Nebo, dan memperlihatkan kepadanya semua negeri itu, dari Gilead sampai Dan, dan seluruh Naftali, dan tanah Efraim dan Manasye, seluruh tanah Yehuda sampai laut sebelah barat,dan Tanah Negeb dan lembah Yordan, lembah Yerikho, kota pohon korma itu, sampai Zoar (Ulangan 34:1-3).

Apakah yang mungkin dipikirkan Musa melihat Tanah Perjanjian di depan matanya? Karena ia mempercayai janji Allah lebih teguh dibandingkan dengan siapapun, ia mungkin merasa sedih dan agak mallu di hadapan Allah karena tidak bisa menuntun generasi pertama Keluaran untuk memiliki iman yang lebih besar.

Ia pasti mengingat masa empat puluh tahun yang ia lewati semenjak saat ia bertemu Allah dalam nyala api dari tengah semak belukar di Gunung Horeb. Ia mungkin juga memiliki pikiran yang melekat seperti. "Jika saja aku dapat menumbuhkan iman yang lebih di dalam diri mereka." Ia meninggalkan bumi karena kehendak Allah, dan ia pasti meninggalkan beban dan rasa berat hati yang menyala-nyala bagi orang-orang yang tertinggal di belakang.

Tetapi ada yang mengatakan bahwa Musa tidak dapat memasuki Tanah Kanaan karena ia tidak taat pada firman Allah. Mereka berkata bahwa ketika Musa memukul batu agar air keluar dari batu itu, ia seharusnya memukul batu itu hanya satu kali tetapi ia memukulnya dua kali dan hal itulah kenapa Allah marah padanya. Atau ada juga yang mengatakan bahwa ia tidak dapat memasuki Tanah Kanaan karena ia menjadi sangat marah dan ia mematahkan loh batu Sepuluh Perintah Allah.

Tetapi Bilangan 12:3 berkata, *"Adapun Musa ialah seorang yang sangat lembut hatinya, lebih dari setiap manusia yang di atas muka bumi."* Jika Musa yang begitu rendah hati dan lembut tidak dapat masuk ke Tanah Kanaan hanya karena murka Allah turun atas dia karena pernah marah satu kali, maka Allah terdengar seperti Allah yang sangat menakutkan.

Dan juga kita dapat menemukan dalam Alkitab bahwa Allah berkata kepadanya untuk memukul batu itu. Apakah memukulnya satu kali atau dua kali adalah tergantung Musa. Kita tidak dapat mengatakan bahwa ia tidak taat pada firman Allah. Alasan yang tepat mengapa Musa tidak dapat masuk ke dalam Tanah Perjanjian itu dapat ditemukan dalam Ulangan 1:37. Musa berkata, *"Juga kepadaku TUHAN murka oleh karena kamu, dan Ia berfirman: Juga engkau tidak akan masuk ke sana."*

Allah membuat ayat ini tercantum dalam Alkitab sehingga orang-orang tidak akan salah pengertian seperti menganggap bahwa itu terjadi karena Musa yang menjadi marah atau ia tidak memiliki iman. Itu bukanlah masalahnya.

Kematian Musa

Di bagian timur Yordan, dimana ia dapat melihat Tanah Kanaan, Musa akhirnya pergi ke sisi Allah Bapa setelah hidup sampai 120 tahun hdup dengan berbagai macam perubahan-perubahan yang tak terduga.

Sejak ia menerima tugas dari Allah untuk menjadi pemimpin Keluaran, ia menaati semua firman Allah.

Untuk menjadi seorang pemimpin bukanlah hal yang mudah. Ia harus mengambil semua beban dan penderitaan orang-orang yang dipimpinnya. Ia harus selalu memberi perhatian dengan hati seorang bapa dalam memimpin orang-orang untuk mengikuti keinginan Allah.

Karena bangsa itu bersungut-sungut dengan perkataan yang jahat, dan karena keprihatinan dan penderitaan yang ia tanggung, ia hampir tidak memiliki satu hari pun kesenangan sampai ia dipanggil ke sisi Allah.

Tetapi ia tidak pernah mau menyerah atas tugasnya dan tidak pernah mencoba untuk mengelak dari tanggung jawabnya. Ia hanya jatuh tersungkur di hadapan Allah, mengaku dengan kerendahan hati bahwa ia tidak dapat melakukan apapun dengan kekuatannya sendiri. Ia mengatasi segala macam situasi yang sulit hanya dengan imannya dalam Allah.

Karena ia memiliki kedalaman hati yang seperti ini, Allah juga mempercayai dia, berbicara secara langsung dengannya, dan membuatnya melakukan begitu banyak hal-hal yang besar.

Pernahkah Anda merasa tugas yang diberikan Allah berat dan Anda ingin untuk istirahat melakukannya? Saya berharap Anda akan mengingat tentang Musa dan bergerak lebih giat lagi.

Yosua, Pengganti Musa

Setelah Musa meninggal, Allah memilih Yosua, anak Nun, untuk memimpin bangsa Israel. Yosua ialah salah satu dari dua belas pengintai dan ia menyenangkan Allah dengan pernyataan imannya yang positif.

Ia selalu mengikuti Musa sebagai pelayannya, dan bahkan ketika Musa berpuasa selama empat puluh hari untuk menerima Sepuluh Perintah Allah, ia tidak meninggalkan Musa. Keluaran 33:11 berkata, *"Kemudian kembalilah ia ke perkemahan. Tetapi abdinya, Yosua bin Nun, seorang yang masih muda, tidaklah meninggalkan kemah itu."* Dikatakan, ia menyukai tempat kudus Allah.

Karena Yosua mencintai Allah dan mempercayai Musa dengan hati yang tidak berubah, ia dapat dipilih sebagai pengganti Musa. Ia juga mungkin memiliki beban yang besar dalam hatinya karena pemimpin besarnya tidak lagi bersama-sama dengannya, dan ia sekarang harus menerima tanggung jawab gurunya tersebut.

Ia tahu betapa sulit dan berat tanggung jawab kepemimpinan untuk memimpin begitu banyak orang. Selama empat puluh tahun Yosua melihat airmata dan penderitaan Musa lebih dekat daripada orang lain. Karena Allah mengenal hati Yosua, maka Allah membesarkan hatinya dengan janji-janji yang kuat.

Seorangpun tidak akan dapat bertahan menghadapi engkau seumur hidupmu. seperti Aku menyertai Musa, demikianlah Aku akan menyertai engkau; Aku tidak akan membiarkan engkau dan tidak akan meninggalkan engkau. Kuatkan dan teguhkanlah hatimu, sebab engkaulah yang akan memimpin bangsa ini memiliki negeri yang Kujanjikan dengan bersumpah kepada nenek moyang mereka untuk diberikan kepada mereka. (Yosua 1:5-6).

Tetapi ada satu syarat. Yaitu bahwa ia harus memegang firman Allah.

Hanya, kuatkan dan teguhkanlah hatimu dengan sungguh-sungguh, bertindaklah hati-hati sesuai dengan seluruh hukum yang telah diperintahkan kepadamu oleh hamba-Ku Musa; janganlah menyimpang ke kanan atau ke kiri, supaya engkau beruntung, ke manapun engkau pergi. Janganlah engkau lupa memperkatakan kitab Taurat ini, tetapi renungkanlah itu siang dan malam, supaya engkau bertindak hati-hati sesuai dengan segala yang tertulis di dalamnya, sebab dengan demikian perjalananmu akan berhasil dan engkau akan beruntung. (Yosua 1:7-8).

Orang-orang Israel yang bersama dengan Yosua juga berbeda dari generasi pertama Keluaran. Generasi orangtua mereka lahir dan dibesarkan dalam budaya kafir di Mesir, dan iman mereka kepada Allah sangat lemah. Banyak kejahatan yang tertanam dalam manusia karena mereka berada di bawah aniaya dan pebudakan untuk waktu yang lama. Tetapi generasi kedua dibesarkan dengan firman Allah dan mereka telah melihat banyak pekerjaan penuh kuasa dari Allah sejak mereka masih muda.

Mereka juga memeteraikan di dalam hati mereka alasan mengapa orangtua mereka tidak dapat masuk ke Tanah Kanaan, dan harus berkelana di padang gurun selama empat puluh tahun. Mereka telah siap sepenuhnya untuk taat kepada Allah dan pemimpin mereka dengan iman yang sejati.

Tidak seperti orangtua mereka yang tidak henti-hentinya

bersungut-sungut terhadap Musa bahkan setelah mengalami berbagai pekerjaan Allah, generasi kedua ini bersumpah untuk menaati Yosua tanpa syarat.

Sama seperti kami mendengarkan perintah Musa, demikianlah kami akan mendengarkan perintahmu. Hanya, TUHAN, Allahmu, kiranya menyertai engkau, seperti Ia menyertai Musa. Setiap orang yang menentang perintahmu dan tidak mendengarkan perkataanmu, apapun yang kauperintahkan kepadanya, dia akan dihukum mati. Hanya, kuatkan dan teguhkanlah hatimu. (Yosua 1:17-18).

Sang pemimpin, Yosua, dan semua orang bersatu dalam satu hati untuk memenuhi janji Allah mengenai Tanah Kanaan. Sekarang, janji itu ada di depan mata mereka.

Kanaan pada saat itu memiliki kebudayaan dengan kualitas tinggi dan maju. Mereka berdagang dengan Mesir dan Mesopotamia. Bagi bangsa Israel, yang pernah menjadi budak dan juga mengembara mengelilingi padang gurun selama emaat puluh tahun, Tanah Kanaan adalah benar-benar suatu negeri yang berlimpah dengan susu dan madu.

Tempat pertama yang harus mereka taklukkan untuk masuk ke Tanah Kanaan adalah kota Yerikho.

Mengintai Yerikho dan Rahab si Perempuan Sundal

Yosua dan bangsa Israel tidak begitu saja berjalan masuk ke dalam kota Yerikho karena mereka memiliki iman. Mereka terlebih dahulu harus mengenal musuh mereka. Dalam rangka untuk mengatur strategi yang benar maka mereka harus menemukan seperti apakah tembok kota itu, kekuatan pasukan bersenjata, dan berapa besar semangat juang mereka. Yosua memilih dua orang pengintai di Sitim dan mengirim mereka untuk mengintai kota itu.

Kota Yerikho adalah sebuah karya besar pada saat itu. Saat kita melihat pondasi tembok kota yang telah diselidiki para ilmuwan, kita dapat melihat bahwa temboknya itu sangatlah kuat. Kebanyakan kota hanya memiliki satu tembok, tetapi Yerikho memiliki dua lapis tembok yang membuatnya jauh lebih kuat.

Ketebalan masing-masing tembok diketahui sebagai 1,8 meter dan 3,3 meter. Akan sangat sulit untuk membuat bahkan satu lubang kecil saja di tembok kota dengan menggunakan peralatan menyerang biasa. Apalagi orang-orang Yerikho sedang sangat waspada, mereka mencoba mempertahankan diri mereka dari serangan bangsa Israel.

Suatu hari, raja yerikho mendengar bahwa ada pengintai yang menyelinap masuk ke dalam kota. Ia memerintahkan para prajuritnya untuk mencari mereka. Mereka tahu dengan jelas di mana para pengintai itu berada, dan keduanya dapat ditangkap kapan saja.

Pada saat itu terjadi, Allah menyediakan pertolongan yang sungguh-sungguh tak disangka. Ia adalah Rahab, seorang perempuan sundal dimana para pengintai itu bersembunyi di dalam rumahnya. Ia bukanlah seorang Yahudi dan berasal dari kelas sosial rendah, tetapi ia menyembunyikan dua pengintai itu dengan tidak menaati perintah raja dan membuat suatu pengakuan akan iman kepada mereka.

Dan [Rahab] berkata kepada orang-orang itu: "Aku tahu, bahwa TUHAN telah memberikan negeri ini kepada kamu dan bahwa kengerian terhadap kamu telah menghinggapi kami dan segala penduduk negeri ini gemetar menghadapi kamu. Sebab kami mendengar, bahwa TUHAN telah mengeringkan air Laut Teberau di depan kamu, ketika kamu berjalan keluar dari Mesir, dan apa yang kamu lakukan kepada kedua raja orang Amori yang di seberang sungai Yordan itu, yakni kepada Sihon dan Og, yang telah kamu tumpas. Ketika kami mendengar itu, tawarlah hati kami dan jatuhlah semangat setiap orang menghadapi kamu, sebab TUHAN, Allahmu, ialah Allah di langit di atas dan di bumi di bawah" (Yosua 2:9-11).

Meskipun Rahab bukanlah seorang wanita Yahudi, ia memiliki hati yang baik. Saat ia mendengar tentang terbelahnya

Laut Teberau menjadi dua, air yang keluar dari batu, dan kemenangan Israel dalam peperangan, ia percaya kepada Allah yang ajaib.

Maka ia meminta kepada para pengintai itu untuk membiarkan nyawanya dan juga nyawa anggota keluarganya, seperti ia membiarkan nyawa mereka, saat nanti bangsa Israel akan menaklukkan kota Yerikho.

Dengan pikiran manusia kita mungkin berpikir ia mengkhianati bangsanya dengan menyembunyikan pengintai musuh. Tetapi apa yang ia pilih bukanlah salah satu dari bangsa-bangsa itu, tetapi ia memilih Allah Sang Pencipta yang Ajaib.

Ketika mereka mendengar tentang tanda-tanda dan mukjizat Allah yang menyertai bangsa Israel, bahkan bangsa-bangsa asing yang memiliki hati yang baik mengakui Allah di surga di langit dan di bumi di bawah.

Allah tidak pernah meninggalkan tetapi memberikan berkat kepada siapa yang mencari Dia dan menyandarkan diri kepada-Nya dengan hati yang sejati, Ia mencari kedalaman hati.

Pekerjaan Iman Kedua Pengintai

Para pengintai itu menghilang dari kota dengan bantuan Rahab dan bersembunyi di pegunungan selama tiga hari. Mereka lalu menyeberangi Sungai Yordan lagi untuk kembali ke perkemahan Israel. Apakah yang anda pikir yang akan mereka katakan kepada Yosua?

Mereka membuat sebuah laporan yang lengkap tentang

tanah yang telah mereka lihat. Mereka tidak berkata dengan sikap yang negatif ataupun takut. Mereka hanya menyatakan apa yang mereka lihat dengan mata iman.

TUHAN telah menyerahkan seluruh negeri ini ke dalam tangan kita, bahkan seluruh penduduk negeri itu gemetar menghadapi kita. (Yosua 2:24).

Kita dapat melihat pekerjaan ini sangat berbeda dengan kesepuluh pengintai di Kadesh-Barnea. Jika kita benar-benar percaya kepada Allah, tidak ada yang mustahil. Bahkan masalah-masalah akan berbalik menjadi kemakmuran jika Allah bersama dengan kita. Jadi, kita seharusnya tidak mengatakan sesuatu yang negatif seperti, "Itu mustahil!" atau "Hal itu terlalu sulit." Orang biasanya mengatakan banyak hal-hal yang negatif dan kebohongan karena hal itu menjadi sebuah pidato kebiasaan dalam kehidupan mereka.

Misalnya, mereka mengatakan hal-hal seperti, "Aku setengah mati melihat itu," "Hal itu membunuhku," "Sepertinya hal itu cukup pantas untuk kita mati mendapatkannnya!" "Saya kenyang sekali rasanya saya bisa meledak!" Perkataan-perkataan yang berlebihan dan tidak benar seperti itu sering terucapkan.

Allah melihat semua perkataan, perbuatan dan kedalaman hati serta pekerjaan kita sesuai pada iman. Amsal 18:20-21 berkata, *"Perut orang dikenyangkan oleh hasil mulutnya, ia dikenyangkan oleh hasil bibirnya. Hidup dan mati dikuasai lidah, siapa suka menggemakannya, akan memakan buahnya."*

Oleh karena itu, kita harus mengatakan kata-kata iman dan kebaikan serta kata-kata positif sehingga kita dapat membesarkan hati orang-orang lain, dan menanam iman dalam mereka juga.

Bab 6

Mereka Menyeberangi Sungai Yordan di Atas Tanah Kering

- Sungai Yordan Berhenti Mengalir -

Yosua 3:14-17

Ketika bangsa itu berangkat dari tempat perkemahan mereka untuk menyeberangi sungai Yordan, para imam pengangkat tabut perjanjian itu berjalan di depan bangsa itu. Segera sesudah para pengangkat tabut itu sampai ke sungai Yordan, dan para imam pengangkat tabut itu mencelupkan kakinya ke dalam air di tepi sungai itu--sungai Yordan itu sebak sampai meluap sepanjang tepinya selama musim menuai. maka berhentilah air itu mengalir. Air yang turun dari hulu melonjak menjadi bendungan, jauh sekali, di dekat Adam, kota yang terletak di sebelah Sartan, sedang air yang turun ke Laut Araba itu, yakni Laut Asin, terputus sama sekali. Lalu menyeberanglah bangsa itu, di tentangan Yerikho. Tetapi para imam pengangkat tabut perjanjian TUHAN itu tetap berdiri di tanah yang kering, di tengah-tengah sungai Yordan, sedang seluruh bangsa Israel menyeberang di tanah yang kering, sampai seluruh bangsa itu selesai menyeberangi sungai Yordan.

Generasi kedua Keluaran, yang dipimpin oleh Yosua, memulai perjalanan mereka menuju Tanah kanaan. Karena laporan misi dari kedua pengintai yang mengawasi Yerikho, semangat juang bangsa Israel memuncak, mereka dengan penuh semangat maju menuju kota Yerikho.

Hati orang-orang Kanaan telah luluh, dan mereka tidak mau menunggu lebih lama lagi. Dari pagi-pagi sekali Yosua membuat bangsa itu bersiap-siap dan kemudian mereka bergerak menuju sungai Yordan.

Banjirnya Sungai Yordan

Dalam perjalanan menuju Yerikho arus yang menggenangi Sungai Yordan menghalangi mereka. Sehingga Yosua tidak dapat melewati sungai dengan orang-orangnya tetapi ia menyuruh mereka untuk membuat perkemahan di sana untuk sementara.

Mereka harus menemukan jalan untuk melewati sungai itu karena pada saat itu adalah musim meluapnya sungai dan alirannya sangat deras.

Kedalaman sungai itu telah menurun seiring dengan waktu, dan sekarang lebarnya hanya sekitar tiga puluh meter saja, tetapi pada saat itu, sungai itu sangat lebar

Seperti dalam kejadian di Sungai Kuning, yang juga dikenal dengan sebutan sungai Huang Ho di Cina, alirannya berubah setiap beberapa waktu. Sepanjang sungai itu ada beberapa desa yang menghilang sepenuhnya dan ada desa-desa lain yang terbentuk baru sejalan dengan waktu. Jadi, pada 3.500 tahun yang lalu sungai Yordan pasti telah sangat berbeda dengan sungai Yordan yang sekarang.

Sungai Yordan juga memiliki banyak batu karang dan arus yang deras. Itu juga merupakan saat menuai ketika sungai Yordan meluap membanjiri seluruh tepiannya (Yosua 3:15).

Saat turun hujan tiba-tiba pada musim panas, bahkan sungai kecil di lembah akan meluap dan aliran airnya yang cepat akan mengakibatkan kematian orang-orang.

Adalah mustahil bagi dua juta penduduk bersama dengan anak-anak dan orang-orang lanjut usia, dan barang-barang mereka untuk melewati sebuah sungai besar yang sedang meluap. Bahkan jika mereka ingin membuat kapal atau jembatan, mereka tidak memiliki bahan-bahannya. Bahkan sekalipun mereka bisa, itu akan membutuhkan waktu yang lama. Orang-orang di Yerikho tidaka akan tinggal diam akan hal itu.

Iman Generasi Kedua Keluaran

Tidak seperti generasi pertama Keluaran, generasi kedua dilatih dengan baik dan memiliki iman rohani untuk mengandalkan Allah Yang Mahakuasa.

Ketika luapan Sungai Yordan menutup jalan mereka, Allah mengajarkan mereka sebuah jalan untuk melewati sungai itu. Ia memberitahu mereka bahwa jika para imam melangkah ke dalam luapan Sungai Yordan membawa Tabut Perjanjian maka air akan berhenti meluap dan akan berkumpul dalam tumpukan. Hanya dengan menggunakan akal sehat saja maka hal itu adalah hal yang mustahil. Bagaimana mungkin sungai yang tengah meluap berhenti begitu saja dengan melangkah ke atasnya itu?

Jika generasi pertama Keluaran disuruh untuk masuk ke Sungai Yordan dengan Tabut Perjanjian, mereka pasti tidak akan diam saja. Mereka pasti akan segera bersungut-sungut dengan berkata, "Pergi ke sungai yang sedang banjir dengan Tabut Perjanjian! Apakah kita memang harus mati begitu saja? Apakah Allah menyertai kita sepanjang jalan dari Mesir untuk membunuh kita di Sungai Yordan?"

Namun generasi kedua tidak mengucapkan satu pun kata-kata keluhan atau keraguan. Allah telah membelah Laut Teberau menjadi dua. Mereka percaya bahwa, untuk Allah yang seperti itu, menghentikan aliran Sungai Yordan bukanlah suatu masalah.

Sungai Yordan Berhenti Mengalir

Sebelum mereka menyeberangi Yordan, sekali lagi Yosua membuat pemintaan kepada bangsa Israel.

Kuduskanlah dirimu, sebab besok TUHAN akan

melakukan perbuatan yang ajaib di antara kamu.
(Yosua 3:5).

Keesokan harinya, sesuai firman Allah yang telah disampaikan oleh Yosua kepada bangsa itu, imam-imam membawa Tabut Perjanjian dan pergi ke depan orang-orang dan berdiri di sisi sungai.

Di awal Keluaran, saat Laut Teberau terbelah dan pasukan Mesir ditenggelamkan di dalam laut, itu terjadi semata-mata oleh karena ketaatan satu orang yaitu Musa. Meskipun mereka telah melihat pertunjukan Kuasa Allah melalui Sepuluh Tulah di Mesir, saat itu orang Israel tidak memiliki cukup iman.

Tapi sekarang, sebelum meluapnya Sungai Yordan, iman tidak hanya dimiliki oleh seorang Yosua saja, tetapi iman setiap orang Israel menjadi penting. Dan berpegang pada hal yang sama, sejak kita menerima Yesus Kristus, kita harus bertumbuh dalam iman dan perbuatan. Mereka taat akan perkataan Yosua yang dipilh oleh Allah dan berjalan menuju luapan Sungai Yordan.

Begitu para imam melangkahkan kaki ke sungai yang mengalir, janji Allah dipenuhi seperti yang telah dikatakan. Air yang mengalir dari atas menjadi diam tak bergerak dan naik dalam satu tumpukan (Yosua 3:16), dan yang mengalir ke bawah ke arah laut Araba, Laut Asin, terpotong sepenuhnya.

Ketika imam-imam berdiri di dasar sungai dengan Tabut Perjanjian, air tidak mengalir dan bangsa Israel dengan cepat menyeberangi sungai itu. Ketika imam-imam itu keluar dari sungai, air sungai itu mulai mengalir kembali seperti semula.

Saat bangsa Israel menyaksikan kuasa besar Allah ini, mereka menjadi lebih lagi percaya kepada Yosua dan mulai menghormatinya seperti mereka menghormati Musa.

Sebuah Peringatan dengan Dua Belas Batu

Allah ingin mereka mengenang hari itu selamanya dan tidak berubah dalam hormat mereka kepada Allah, dan Ia memerintahkan mereka untuk melakukan sesuatu. Allah menyuruh mereka untuk membawa dua belas batu dari tengah-tengah Yordan yang sesuai dengan jumlah suku dari Keturunan Israel dan mereka harus membawa batu-batu itu bersama mereka ke tempat perkemahan dan menaruh batu-batu itu di sana.

Allah juga memerintahkan mereka untuk menempatkan kedua belas batu di Yordan di tempat dimana kaki para imam yang membawa tabut perjanjian itu berdiri. Hal itu dilakukan agar mereka dapat mengenang selamanya apa yang telah Allah lakukan bagi Israel, serta untuk menyembah dan menaati Allah.

Dan berkatalah ia kepada orang Israel, demikian: "Apabila di kemudian hari anak-anakmu bertanya kepada ayahnya: Apakah arti batu-batu ini? maka haruslah kamu beritahukan kepada anak-anakmu, begini: Israel telah menyeberangi sungai Yordan ini di tanah yang kering. sebab TUHAN, Allahmu, telah mengeringkan di depan kamu air sungai Yordan, sampai kamu dapat menyeberang seperti yang telah dilakukan

TUHAN, Allahmu, dengan Laut Teberau, yang telah dikeringkan-Nya di depan kita, sampai kita dapat menyeberang, supaya semua bangsa di bumi tahu, bahwa kuat tangan TUHAN, dan supaya mereka selalu takut kepada TUHAN, Allahmu." (Yosua 4:21-24).

Allah menegaskan sekali lagi bahwa Ia menyertai bangsa Israel melalui pekerjaan yang ajaib menghentikan aliran Sungai Yordan. Di pihak lain, setelah mendengar berita ini, orang-orang Kanaan menjadi sangat takut serta hati mereka menjadi tawar dan sudah tidak ada lagi semangat dalam mereka.

Ketika semua raja orang Amori di sebelah barat sungai Yordan dan semua raja orang Kanaan di tepi laut mendengar, bahwa TUHAN telah mengeringkan air sungai Yordan di depan orang Israel, sampai mereka dapat menyeberang, tawarlah hati mereka dan hilanglah semangat mereka menghadapi orang Israel itu. (Yosua 5:1).

Bangsa Israel memiliki semangat yang sanagt tinggi dan itu memperlihatkan bahwa mereka dapat menaklukkan kota Yerikho dengan segera. Tetapi Allah tidak membiarkan mereka langsung menyerang Yerikho. Ia membuat mereka melakukan sesuatu terlebih dahulu.

Sebelum benar-benar melakukan penyerangan besar, Allah tidak menyuruh mereka untuk memiliki senjata dan pasukan-

pasukan yang bersiap untuk perang. Ia memerintahkan mereka untuk menyunat diri mereka.

Arti Rohani dari Sunat

Secara fisik penyunatan adalah memotong kulit kulup pria pada saat hari kedelapan setelah kelahiran. Hal itu pertama kali diperintahkan kepada Abraham.

Dalam Kejadian pasal 17, Allah berjanji kepada Abraham bahwa Ia akan memberinya Tanah Kanaan. Dengan janji itu, Allah memerintahkan Abraham untuk menyunat setiap laki-laki yang dibesarkan di rumahnya. Ia berkata, *"Inilah perjanjian-Ku, yang harus kamu pegang, perjanjian antara Aku dan kamu serta keturunanmu: yaitu setiap laki-laki di antara kamu harus disunat."* (Kejadian 17:10).

Semenjak dari itu setiap anak-anak laki-laki Israel disunat pada hari kedelapan setelah kelahiran. Ini merupakan simbol perjanjian bahwa Israel adalah bangsa kepunyaan Allah. Allah memerintahkan mereka untuk memegang hal itu dari generasi ke generasi, dan bagi siapa yang tidak disunat akan dibuang dari bangsa Kepunyaan Allah.

Perintah ini dapat diterapkan sama bagi kita dalam Perjanjian Baru. Tetapi bukan secara fisik, melainkan penyunatan secara rohani. Kita harus menyunat hati kita (Ulangan 10:16). Menyunat hati diperintahkan dalam Yeremia 4:4, *"Sunatlah dirimu bagi TUHAN, dan jauhkanlah kulit khatan hatimu."*

Menyunat hati adalah dengan cara taat pada perintah Allah yang memberitahu kita untuk 'melakukan', 'jangan melakukan', 'memegang', atau 'membuang' hal-hal tertentu seperti yang telah dikatakan Allah. Yaitu, seperti yang dikatakan Allah, 'untuk mengasihi'; 'untuk tidak membenci'; 'untuk memegang hari sabat'; dan untuk 'membuang segala jenis kejahatan.' Untuk menjadi kudus kita harus 'membuang' semua kebohongan, kejahatan, ketidakbenaran, ketidakadilan, dan kegelapan yang merupakan hal-hal yang melawan firman Allah dan kita harus 'memegang' kebenaran.

Pada zaman Perjanjian Lama mereka memiliki tanda bahwa mereka adalah kepunyaan Allah dengan sunat, karena pada saat itu belum masanya Roh Kudus dan orang-orang tidak dapat membuang dosa mereka dengan kekuatan mereka sendiri. Dalam Perjanjian baru, penyunatan hati adalah tanda dari anak-anak Allah.

Oleh karena itu, orang-orang yang tidak bersunat pada Perjanjian Lama dibuang dari umat kepunyaan Allah, penyunatan hati dalam Perjanjian Baru secara langsung berkaitan dengan keselamatan.

Yosua harus memimpin penyunatan karena anak-anak lelaki Israel yang tinggal dalam padang gurun sejak saat Keluaran tidak dapat melakukan sunat. Mereka menyunat diri mereka pada saat sebelum Keluaran, dan siapa yang lahir di padang gurun, yaitu orang-orang yang berumur di bawah empat puluh tahun, tidak disunat.

Jadi, sebelum penaklukan Kanaan dimulai secara besar-besaran, Allah membuat semua laki-laki disunat untuk menyatakan perjanjian-Nya kembali. Ini bukanlah hal yang mudah. Saat mereka disunat, mereka akan merasakan sakit dan tidak akan sanggup untuk bergerak secara bebas selama beberapa hari. Terutama karena mereka sudah menyeberangi Sungai Yordan, mereka sudah ada dalam jangkauan penyerangan musuh mereka. Penduduk Yerikho dengan cermat mengamat-amati mereka dari jarak yang sangat dekat.

Jika mereka menyunat diri mereka dan musuh menyerang, maka mereka akan kalah tanpa dapat mampu melawan kembali. Jadi, dengan pikiran manusia, mereka mungkin akan berpikir, "Kenapa Allah tidak membiarkan kita disunat pada saat berada di padang gurun? Kenapa Ia memerintahkan kita untuk melakukan hal itu pada saat situasi yang berbahaya?" Mereka bisa saja bersungut-sungut atau tidak taat apabila berpikir seperti itu.

Terkadang, Allah memerintahkan kita untuk melakukan sesuatu yang mustahil bagi pikiran manusia. Tetapi, berpikir bahwa sesuatu mustahil adalah pikiran daging, dan hal itulah yang menghalangi kita untuk mengalami pekerjaan ajaib Allah. Itu merupakan faktor utama yang menghentikan atau mengurangi kuasa Allah yang dapat turun atas kita.

Tetapi karena generasi kedua bangsa Israel memiliki iman, mereka hanya taat tanpa mengatakan apapun. Sebagai hasilnya, Allah melindungi mereka sampai luka mereka sembuh sepenuhnya, dan tidak ada serangan yang datang mendekati mereka.

Sunat dan Peperangan Rohani

Kemudian, apakah yang menjadi alasannya sehingga Allah memerintahkan mereka untuk menyunat diri mereka dalam keadaan yang demikian berbahaya? Ini adalah untuk mengajar bukan hanya bangsa Israel, tetapi juga semua orang termasuk kita sekarang, bagaimana memenangkan peperangan rohani. Proses penaklukkan Tanah Kanaan mungkin kelihatannya hanya memperebutkan tanah di antara bangsa-bangsa yang berbeda, tetapi di alam rohani itu adalah peperangan yang hebat bagi menang dan kalah antara roh-roh baik milik Allah atau roh-roh jahat yang berusaha untuk mencemarkan Allah.

Karena perjuangan kita bukanlah melawan darah dan daging, tetapi melawan pemerintah-pemerintah, melawan penguasa-penguasa, melawan penghulu-penghulu dunia yang gelap ini, melawan roh-roh jahat di udara. (Efesus 6:12).

Misalnya, saat seorang anak muda bernama Daud mengalahkan Goliath, ia berkata, *"Dan semua yang orang yang hadir bisa ahu bahwa Tuhan tidak melepaskan dengan pedang atau tombak, karena pertempuran ini adalah milik Allah dan Ia akan menyerahkanmu ke dalam tanganku."* (1 Samuel 17:47).

Tubuh kecil Daud tidak dapat dibandingkan dengan tubuh besar dan kekuatan besarnya Goliat, tetapi Daud menang karena ia adalah orang yang mengikuti hati Allah. Karena ia telah menang dalam peperangan rohani, maka ia mampu untuk mengalahkan sang raksasa Goliat hanya dengan batu dan ketapel.

Demikian juga dalam pertempuran perang antara Israel dan Amalek setelah Keluaran, apabila kedua tangan Musa yang terangkat, Israel menang, dan ketika ia membiarkan tangannya turun, maka Amaleklah yang menang (Keluaran 17:11). Ketika orang pilihan Allah, Musa, mengangkat tangannya dan berdoa, Allah menyertai mereka untuk memenangkan pertempuran itu.

Ada banyak versi lain dalam Alkitab yang yang sama seperti hal ini yang memberitahu kita bahwa kemenangan dalam perang tidak tergantung pada serangan secara nyata tetapi perang secara rohani (Kejadian 32:24-25; Daniel 10:13).

Misalnya, anggap saja ada orang yang dianiaya di rumah atau di tempat kerja karena ia adalah seorang percaya. Pada permukaan, orangtuanya, suami, atau bos di tempat ia bekerja yang menganiaya dia, tetapi dalam roh, sebenarnya roh-roh jahatlah yang menghasut orang-orang itu untuk menyusahkan dia.

Orang-orang yang tidak mengenal Yesus Kristus dan tidak menerima-Nya adalah miliki Iblis penguasa dunia kegelapan ini. Jadi, roh jahat dapat mendorong orang-orang ini untuk memiliki pikiran yang negatif.

Dalam situasi seperti ini, jika orang percaya menyenangkan Allah dan menerima kuasa-Nya, ia akan dapat menerima pertolongan para malaikat dan pelayan surga. Dengan demikian roh-roh jahat akan kehilangan kekuatannya dan pikiran-pikiran para penganiaya juga akan diredakan secara alami.

Perang Yosua dan bangsa Israel melawan Yerikho juga merupakan sebuah perang rohani di bawah kendali Allah. Inilah sebabnya Panglima Balatentara Allah datang kepada Yosua saat ia berada di dekat Yerikho.

Ketika Yosua dekat Yerikho, ia melayangkan pandangnya, dilihatnya seorang laki-laki berdiri di depannya dengan pedang terhunus di tangannya. Yosua mendekatinya dan bertanya kepadanya: "Kawankah engkau atau lawan?" Jawabnya: "Bukan, tetapi akulah Panglima Balatentara TUHAN. Sekarang aku datang." Lalu sujudlah Yosua dengan mukanya ke tanah, menyembah dan berkata kepadanya: "Apakah yang akan dikatakan tuanku kepada hambanya ini?" (Yosua 5:13-14).

Ada sesuatu yang secara mutlak dibutuhkan untuk menang dalam perang rohani seperti ini. Yaitu hati yang murni.

Inilah alasan mengapa Allah memerintahkan mereka untuk menguduskan diri sebelum mereka menyeberangi Sungai Yordan.

Pemimpin dari pelayan Allah memberi tahu Yosua untuk melepaskan kasut dari kakinya (Yosua 5:15), dan sama seperti halnya dengan alasan di atas, untuk melepaskan secara rohani kenajisan dosa dan mencapai kekudusan murni.

Sebelum pemenuhan akan janji Allah untuk memberi

mereka Tanah Kanaan, Allah membuat mereka menyunat diri mereka terlbih dahulu. Hal itu adalah agar mereka membuang semua dosa dan memurnikan diri mereka sekali lagi.

1 Yohanes 3:21-22 juga mengatakan, *"Saudara-saudaraku yang kekasih, jikalau hati kita tidak menuduh kita, maka kita mempunyai keberanian percaya untuk mendekati Allah; dan apa saja yang kita minta, kita memperolehnya dari pada-Nya karena kita menuruti segala perintah-Nya dan berbuat apa yang berkenan kepada-Nya."*

Dengan demikian, bukan hanya dalam penaklukan Tanah Kanaan tetapi juga dalam persoalan pribadi, pertama-tama kita harus menyunat hati kita dengan membuang semua kejahatan dari dalamnya, sehingga Allah dapat menunjukkan pekerjaan-Nya.

Sekarang, antara bangsa Israel yang baru saja menyunat diri mereka dan orang-orang Yerikho, ada ketegangan hebat, sama seperti sebelum badai.

Tetapi Allah telah mengirimkan tentara surga-Nya untuk perang ini dan berjanji kepada Yosua dengan berkata, "Ketahuilah, Aku serahkan ke tanganmu Yerikho ini beserta rajanya dan pahlawan-pahlawannya yang gagah perkasa." (Yosua 6:2). Bahkan kota kuat seperti Yerikho telah ada di tangan Allah.

Sebab cobalah tanyakan, dari ujung langit ke ujung langit, tentang zaman dahulu, yang ada sebelum engkau, sejak waktu Allah menciptakan manusia di atas bumi, apakah ada pernah terjadi sesuatu hal yang demikian besar atau apakah ada pernah terdengar sesuatu seperti itu? (Ulangan 4:32)

Siapakah yang dapat membelah laut dan membuat jalan di tengah-tengahnya? Siapakah yang dapat menghentikan aliran air di sungai yang mengalir, membuka gerbang surga untuk memberi makan setiap harinya, dan membuat air mengalir keluar dari batu? Hanya Allah Yang Mahakuasa yang dapat melakukan hal-hal ini.

Ini bukanlah hal-hal yang merupakan imajinasi, mitos, ataupun legenda. Semua itu adalah murni fakta-fakta sejarah dan tidak mengandung pemalsuan.

Oleh karena itu, seperti para imam yang melangkah ke dalam sungai dan membawa Tabut Perjanjian tanpa takut dengan apa yang dilihat oleh mata, kita harus bisa berdiri dengan berani, melangkah dan bekerja demi kemuliaan Allah.

Bab 7

"TUHAN Telah Menyerahkan Kota Ini Kepadamu"

- Penaklukan Yerikho -

Yosua 6:12, 15:16

Keesokan harinya Yosua bangun pagi-pagi, lalu para imam mengangkat tabut TUHAN. Tetapi pada hari yang ketujuh mereka bangun pagi-pagi, ketika fajar menyingsing, dan mengelilingi kota tujuh kali dengan cara yang sama; hanya pada hari itu mereka mengelilingi kota itu tujuh kali. Lalu pada ketujuh kalinya, ketika para imam meniup sangkakala, berkatalah Yosua kepada bangsa itu, "Bersoraklah! Sebab TUHAN telah menyerahkan kota ini kepadamu."

Di sepanjang tembok kota yang mengelilingi Yerikho suasananya sunyi senyap. Yerikho adalah pintu masuk ke Tanah Kanaan dan merupakan sebuah kota yang besar. Pastilah ada banyak orang yang bergerak di sekitarnya, tetapi suasana saat itu sangat sunyi.

Dalam pada itu Yerikho telah menutup pintu gerbangnya; telah tertutup kota itu karena orang Israel; tidak ada orang keluar atau masuk. (Yosua 6:1).

Orang-orang di dalam kota diam-diam menantikan pertempuran yang tak terelakkan dengan orang Israel dan memperhatikan setiap gerakan mereka.

Cara Allah Menaklukkan Kota Yerikho

Jelas bahwa orang-orang di Yerikho mendapatkan keuntungan atas orang-orang Israel. Mereka berada di dalam tembok kota yang kuat sementara orang-orang Israel di lapangan tanpa ada jalan untuk mundur sejak meninggalkan sungai Yordan.

Akal sehat memberitahu kita bahwa Israel jelas-jelas akan kalah, tetapi Allah berkata bahwa mereka akan menang. Yosua 6:2 berkata, *"Berfirmanlah TUHAN kepada Yosua: 'Ketahuilah, Aku serahkan ke tanganmu Yerikho ini beserta rajanya dan pahlawan-pahlawannya yang gagah perkasa.'"* Jika mereka memiliki senjata modern seperti sekarang, tembok kota tidaklah menjadi suatu masalah. Tetapi mereka tidak memiliki serbuk mesiu. Kota Yerikho memiliki tembok dalam dan tembok luar. Tembok itu sangat kuat bahkan kereta tempur akan berlari di atas tembok itu. Tembok itu dilindungi secara ketat oleh prajurit bersenjata. Tidak ada jalan untuk menghancurkan tembok itu jika dengan kekuatan dari orang Israel sendiri.

Dalam situasi ini, Allah memberitahu mereka sebuah cara yang tidak mudah untuk dimengerti oleh akal sehat. Ia menyuruh mereka untuk berjalan mengelilingi kota satu kali selama enam hari dan tujuh kali pada hari yang ke tujuh.

Di bagian depan adalah para prajurit yang diikuti oleh tujuh imam yang membawa tujuh sangkakala tanduk domba, lalu orang-orang yang membawa tabut TUHAN dengan segera di belakang mereka, dan kemudian orang-orang Israel yang berjalan di belakang tabut TUHAN. Pada hari yang ke tujuh, saat mereka akan berjalan mengelilingi kota selama tujuh kali dan imam-imam akan meniup sangkakala, orang-orang aakan bersorak dengan nyaring dan kota Yerikho akan runtuh.

Inilah, angka tujuh, yang sering muncul berulang-ulang, disebut sebagai angka sempurna. Ini berartri mereka harus mempercayai Allah sepenuhnya dan taat kepada-Nya. Allah memberitahu mereka bahwa saat orang-orang akan bersorak dengan nyaring dengan para imam meniup sangkakala, tembok kota akan runtuh, dan secara rohani menunjukkan kerinduan Allah agar kita berseru kepada-Nya.

Berserulah kepada-Ku, maka aku akan menjawab engkau dan memberitahukan hal-hal besar dan yang tidak terpahami. (Yeremia 33:3).

Kita dapat melihat di Alkitab bahwa para nabi dan murid-murid Yesus menangis dengan suara nyaring dalam doa-doa mereka. Ketika Yesus membangkitkan Lazarus dari kematian, Ia menangis dengan suara yang keras dan berkata, "Lazarus, marilah keluar." Orang yang telah mati itu datang ke luar, kaki dan tangannya masih terikat dengan kain kapan dan mukanya tertutup dengan kain peluh (Yohanes 11:43-44).

Ketika Yesus memanggil keluar seorang yang telah mati, baik menggunakan suara keras atau lembut hasilnya akan tetap sama. Tetapi, karena Ia berdoa di hadapan Allah yang hidup, Ia menangis dengan suara yang keras. Ini jugalah alasan kenapa Ia berdoa hingga keringat-Nya menjadi tetesan darah yang jatuh ke tanah ketika Ia berdoa di Getsemani saat sebelum Ia disalibkan.

Seperti kita dapat memakan hasil dari tanah dengan bekerja keras (Kejadian 3:17), kita dapat menerima jawaban atas doa kita lebih cepat ketika kita dengan berusaha keras dan menangis dalam doa. Demikian juga, adalah kerinduan Allah atas kita untuk menangis dalam doa ketika kita meminta sesuatu di hadapan Allah.

Bani Israel Menaklukkan Yerikho dengan Iman

Tembok kota yang begitu kuat seperti Yerikho dapat runtuh dengan teriakan orang-orang? Sungguh mustahil dan tidak dapat diterima oleh akal manusia. Tetapi generasi kedua Keluaran telah melalui pelatihan iman dan mereka tidak membuat pernyataan negatif atau pun bersungut-sungut; mereka hanya bersikap taat.

Kemudian orang-orang di kota Yerikho melihat sesuatu yang sangat aneh. Mereka sudah bersiap-siap untuk berperang saat seluruh pasukan dan semua orang Israel kelihatan akan menyerang mereka. Tetapi pasukan itu hanya mengelilingi kota sekali dan kemudian kembali ke perkemahan mereka.

Pada hari kedua demikian juga, orang Israel bahkan tidak melempar satu batu pun kepada mereka. Mereka hanya berjalan mengeliling kota sekali lalu kembali. Mereka terus melakukannya selama enam hari. Bisa dibayangkan betapa heran dan bingungnya orang-orang Yerikho saat itu. Mereka dibingungkan oleh strategi yang tidak dapat dimengerti sehingga mereka bahkan tidak berpikir untuk menembakkan panah kepada orang Israel.

Orang-orang di Yerikho menjadi semakin tegang menyaksikan bangsa Israel dengan berani mengelilingi tembok kota dengan sangkakala mereka sehingga penduduk Yerikho bahkan tidak berpikir untuk menyerang orang-orang itu. Jika mereka menyerang, mungkin saja keadaannya akan menjadi berbeda. Tetapi mereka sangat takut akan bangsa Israel yang menyeberangi Sungai Yordan dengan pekerjaan Allah sehingga mereka sama sekali tidak dapat bergerak. Mereka pasti berpikir bahwa bangsa Israel memiliki semacam strategi khusus. Itu karena Allah membuat mereka takut akan bangsa Israel sampai mereka tidak dapat melakukan apa-apa selain menonton saja tindakan bangsa Israel yang tidak dapat mereka pahami itu.

Namun pada hari yang ketujuh, tindakan mereka berubah. Mereka mulai bergerak mengelilingi kota dari pagi-pagi sekali. Mereka mengelilinginya sebanyak tujuh kali. Kemudian setelah para imam meniup sangkakala, Yosua memberikan tanda.

Berkatalah Yosua kepada bangsa itu, "Bersoraklah!
Sebab TUHAN telah menyerahkan kota ini kepadamu."
(Yosua 6:16).

Saat orang-orang mulai bersorak-sorai dengan keras pada tanda yang diberikan oleh Yosua, terjadilah sesuatu yang sungguh ajaib. Tembok kota dua lapis yang kelihatannya tidak tertembus bersamaan dengan banyak prajurit mulai runtuh dalam seketika.

Coba bayangkan saja adegan menakjubkan ini.

Sungguh mustahil bagi sebuah tembok kota mana pun untuk runtuh tanpa terkena goncangan atau tekanan kuat. Tetapi tembok kota dua lapis itu, yang satunya memiliki ketebalan 1,8 meter dan yang kedua 3,3 meter, rubuh begitu saja tanpa tersentuh satu jari pun.

Oleh sorakan orang-orang Israel, tembok kota itu berubah menjadi tumpukan batu dengan suara runtuh yang gemuruh dan sangat banyak abu menutupi langit. Di dalam kota terjadi kekacauan. Dengan suara teriakan orang-orang yang tertimpa tembok, orang-orang dan prajurit di dalam segera berlarian kesana kemari. Bani Israel dapat mengalahkan kota ini dengan sangat mudah.

Di dalam kehidupan ini kita muingkin mengalami berbagai masalah yang kelihatannya tidak tertembus seperti kota Yerikho. Bahkan di saat kelihatannya tidak ada solusi, orang-orang yang memiliki tekad kuat akan mencoba semampu mereka untuk memecahkan masalah tersebut. Tetapi bahkan orang-orang yang demikian tidak berdaya dengan masalah-masalah yang di luar kemampuan manusia. Akhirnya, mereka akan jatuh dan terpuruk dalam keputusasaan.

Tetapi anak-anak Allah yang memiliki iman tidak perlu kuatir akan apa pun. Mereka percaya bahwa hal yang paling mustahil bagi manusia sekalipun adalah mungkin dengan kuasa Allah. Mereka akan membedakan apa yang menjadi kehendak Allah dan bertindak dalam iman. Kemudian Allah akan menyelesaikan semua masalah mereka seperti Ia menghentikan aliran Sungai Yordan dan menghancurkan kota Yerikho.

Mazmur 20:7 berkata, *"Orang ini memegahkan kereta dan orang itu memegahkan kuda, tetapi kita bermegah dalam nama TUHAN, Allah kita."*

Keadilan Allah dan Penaklukan Yerikho

Bani Israel tidak mengambil barang rampasan pribadi di kota itu. Mereka membakar sebagian dan mempersembahkan yang lainnya bagi Allah. Karena itu merupakan sesuatu yang mereka peroleh pertama kali di Tanah Perjanjian, maka mereka memberikannya kepada Allah. Ini sama seperti kita memberikan buah pertama dari penghasilan kita kepada Allah.

Terkecuali Rahab, yang telah menyelamatkan dua pengintai Israel, beserta keluarganya, bangsa Israel membunuh setiap orang dan setiap hewan yang ada di Yerikho. Ada yang mungkin akan berkata bahwa sungguh kejam membunuhi semua orang di dalam kota itu, tetapi ada alasannya mengapa hal itu harus dilakukan.

Mereka perlu membunuh setiap orang dan setiap hewan yang ada di dalam kota Yerikho untuk menjaga kekudusan bangsa Israel. Orang Kanaan hidup dalam gaya hidup yang sangat rusak dan penuh dosa. Umumnya, mereka menggunakan perempuan sundal dan menyembah berhala.

Jika bani Israel membiarkan mereka hidup dan tinggal di antara mereka, maka mereka akan ternoda oleh dosa dan akhirnya akan jatuh ke dalam maut. Karena alasan inilah maka Allah tidak punya pilihan selain mengizinkan pembunuhan semua orang di Yerikho.

Engkau harus melenyapkan segala bangsa yang diserahkan kepadamu oleh TUHAN, Allahmu; janganlah engkau merasa sayang kepada mereka dan janganlah beribadah kepada allah mereka, sebab hal itu akan menjadi jerat bagimu. (Ulangan 7:16).

Orang-orang yang tidak paham akan situasi ini mungkin akan berpikir bahwa menaklukka Tanah Kanaan adalah sesuatu yang tidak adil. Karena sudah ada orang yang mendiami tanah itu tetapi Allah mengambil tanah mereka dan memberikannya kepada orang Israel, dan Ia bahkan menyuruh orang Israel untuk membunuhi semua orang di sana.

Namun menaklukkan Tanah Kanaan bukan hanya memberikan negeri itu kepada bangsa Israel. Juga merupakan akibat dari penghukuman adil bagi orang Kanaan yang hidup dalam dosa yang meluap.

Di dalam Kejadian 15, Allah menubuatkan kepada Abraham bahwa bangsa Israel akan masuk ke Tanah Kanaan. Mereka akan diperbudak di Mesir dan kemudian kembali, dan saat itu belum waktunya. Allah mengatakan karena, *"Kedurjanaan orang Amori itu belum genap."* (ayat 16).

Dalam keadilan Allah, jika dosa sebuah bangsa mencapai suatu batas tertentu, Allah harus memberikan penghakiman dan tidak ada pilihan selain hukuman. Karena jika dosa dibiarkan begitu saja, maka ia akan menyebar dengancepat seperti penyakit menular. Contoh dari hal-hal ini adalah hukuman api dan belerang di Sodom dan Gomora, air bah pada zaman Nuh, dan kehancuran kota Pompeii.

Seluruh kota Pompeii ditutupi oleh letusan gunung berapi mendadak. Saat kita melihat sisa-sisanya, kita dapat melihat bahwa orang-orang di kota itu sangat rusak secara agama dan moral sehingga mereka harus dihukum.

Hal itu terjadi ribuan tahun yang lalu, tetapi Allah telah memberikan kepada Musa perintah untuk melarang hubungan seksual dengan hewan dan sesama jenis (Imamat 18:22-23, 20:13-16). Ayat-ayat tersebut memberi tahu kita bahwa dulu terjadi hal-hal seperti itu.

Alkitab juga menuliskan tentang orang-orang yang menyembah Molokh, Baal, atau Asyera menyakiti diri mereka sendiri, membakar anak-anak mereka sebagai korban, dan melakukan perzinaan di hadapan berhala-berhala itu (Keluaran 34:15; Imamat 18:21, 20:5; Ulangan 31:16).

Demikianlah, bangsa Kanaan juga sangat rusak sehingga mereka harus dihukum. Cara penghukumannya berbeda dengan Sodom dan Gomora atau Pompeii; mereka dihancurkan oleh bani Israel. Walau demikian, Allah tidak menghukum mereka dengan segera. Ia menantikan dengan sabar dan memberikan kepada mereka banyak kesempatan sampai akhirnya dosa-dosa mereka begitu besar sampai Ia harus menghukum mereka. Sampai saat terakhir Ia masih memberi mereka kesempatan untuk berubah.

Sebagai contoh, pada masa Nabi Yunus, Allah memerintahkannya untuk pergi ke kota Niniwe untuk menyatakan hukuman Allah supaya mereka dapat bertobat. Walaupun Niniwe adalah ibukota Asyur, yang merupakan musuh Israel, saat orang-orang Niniwe bertobat dari dosa-dosa mereka, Allah memberi mereka pengampunan dan tidak menghancurkan kota itu.

TUHAN adalah penyayang dan pengasih, panjang sabar dan berlimpah kasih setia. (Mazmur 103:8).

Allah memberikan banyak kesempatan bagi orang-orang Yerikho dan bertahan terhadap mereka untuk waktu yang lama, tetapi mereka tidak bertobat. Akhirnya mereka harus dihancurkan.

Keselamatan Rahab dan Keluarganya

Ada satu insiden khusu yang dapat membuat kita merasakan belas kasih dan kemurahan Allah. Rahab adalah perempuan sundal yang membantu dua pengintai yang dikirim untuk mengintai kota itu. Ketika Rahab mendengar tentang pekerjaan-pekerjaan Allah yang ditunjukkan melalui Israel, ia percaya kepada Allah dan menyembunyikan para pengintai itu.

Dan mereka berjanji kepadanya bahwa mereka akan menyelamatkan dia dan seisi keluarganya saat mereka menaklukkan Yerikho, tetapi dengan satu syarat. Ia harus mengikatkan tali dari benang kirmizi, yang digunakan untuk meloloskan para utusan itu, di jendelanya, dan ia serta seisi keluarganya harus diam di dalam rumah itu. Inilah syaratnya agar mereka dilindungi dalam kekacauan perang. Hal ini mirip dengan kejadian tulah dan kematian anak-anak sulung pada saat Keluaran. Ketika semua anak sulung Mesir terbunuh dalam semalam, tidak ada satu pun anak sulung Israel yang mati. Pada saat itu juga satu syarat. Mereka harus membubuhkan darah anak domba di dua tiang pintu dan ambang atas, dan mereka harus diam di dalam rumah agar Allah melindungi mereka.

Secara rohani hal ini memberitahu kita tentang prinsip dimana anak-anak Allah dilindungi dari bencana di dunia ini. Sekarang, dosa-dosa semakin meningkat dan terjadi banyak malapetaka. Ada begitu banyak orang yang menderita dan mati akibat peperangan, kelaparan, gempa bumi, topan dan angin ribut, banjir, dan berbagai penyakit.

Tetapi melalui darah berharga Yesus Kristus, anak-anak Allah dijagai oleh Allah agar tidak terkena bencana apa pun. Syaratnya adalah mereka harus tinggal dalam darah Yesus yang berharga. Bangsa Israel membubuhkan darah pada tiang pintu dan ambang atas dan tidak pergi keluar, dan demikianlah Rahab beserta keluarganya mengikat tali benang kirmizi itu di jendela dan tidak pergi keluar. Sama juga halnya, kita harus hidup dalam firman Allah dan tidak keluar darinya serta bersahabat dengan dunia agar dapat terlindung.

1 Yohanes 3:24 berkata, *"Barangsiapa menuruti segala*

perintah-Nya, ia diam di dalam Allah dan Allah di dalam dia. Dan demikianlah kita ketahui, bahwa Allah ada di dalam kita, yaitu Roh yang telah Ia karuniakan kepada kita." Saat kita memegang perintah-perintah Allah, maka Tuhan akan menyertai kita dan kita akan dilindungi sepanjang waktu. Sekarang ada banyak orang percaya, tetapi mereka masih menderita ujian dan pencobaan karena mereka tidak mengerti hal ini.

Jika kamu sungguh-sungguh mendengarkan suara TUHAN, Allahmu, dan melakukan apa yang benar di mata-Nya, dan memasang telingamu kepada perintah-perintah-Nya dan tetap mengikuti segala ketetapan-Nya, maka Aku tidak akan menimpakan kepadamu penyakit manapun, yang telah Kutimpakan kepada orang Mesir; sebab Aku Tuhanlah yang menyembuhkan engkau. (Keluaran 15 :26).

Walaupun Rahab adalah seorang pelacur, Allah menjaga orang seperti itu dari penghukuman karena ia memiliki hati yang baik dan takut akan Allah. Terlebih lagi, karena Rahab seorang diri, nyawa dari orangtuanya, saudara-saudaranya lelaki dan perempuan, dan kerabatnya dapat diselamatkan.

Rahab juga seorang perempuan asing, tetapi ia menerima berkat untuk masuk ke dalam silsilah Yesus oleh imannya kepada Allah. Allah membimbing orang-orang berhati baik seperti ini pada keselamatan bahkan dalam keadaan dimana Ia harus menghukum kota Yerikho oleh karena dosa-dosa mereka.

Nubuatan Yosua Tentang Pembangunan Kembali Kota Yerikho

Ada peristiwa ajaib lainnya yang berkaitan dengan Yerikho. Setelah ia menghancurkan kota Yerikho dengan perintah Allah, Yosua bersumpah bahwa Yerikho tidak akan pernah dibangun kembali.

Terkutuklah di hadapan TUHAN orang yang bangkit untuk membangun kembali kota Yerikho ini; dengan membayarkan nyawa anaknya yang sulung ia akan meletakkan dasar kota itu dan dengan membayarkan nyawa anaknya yang bungsu ia akan memasang pintu gerbangnya. (Yosua 6:26).

Perkataan Yosua pastilah sangat dijamin oleh Allah sehingga dipenuhi tepat seperti yang dikatakannya pada masa pemerintahan Raja Ahab, sekitar 500 tahun kemudian.

1 Raja-Raja 16:34 berkata, *"Pada zamannya itu Hiel, orang Betel, membangun kembali Yerikho. Dengan membayarkan nyawa Abiram, anaknya yang sulung, ia meletakkan dasar kota itu, dan dengan membayarkan nyawa Segub, anaknya yang bungsu, ia memasang pintu gerbangnya, sesuai dengan firman TUHAN yang diucapkan-Nya dengan perantaraan Yosua bin Nun."*

Manusia mungkin lupa atau kenangan mereka hilang seiring dengan perjalanan waktu, tetapi firman Allah tidak pernah berubah walaupun waktu berlalu dan Ia menjamin semua perkataan para nabi-Nya.

Bab 8

"Mereka Telah Melanggar Perjanjian-Ku"

- Dosa Akhan -

Yosua 7:10-13

Lalu berfirmanlah TUHAN kepada Yosua: "Bangunlah! Mengapa engkau sujud demikian? Orang Israel telah berbuat dosa, mereka melanggar perjanjian-Ku yang Kuperintahkan kepada mereka, mereka mengambil sesuatu dari barang-barang yang dikhususkan itu, mereka mencurinya, mereka menyembunyikannya dan mereka menaruhnya di antara barang-barangnya. Sebab itu orang Israel tidak dapat bertahan menghadapi musuhnya. Mereka membelakangi musuhnya, sebab mereka itupun dikhususkan untuk ditumpas. Aku tidak akan menyertai kamu lagi jika barang-barang yang dikhususkan itu tidak kamu punahkan dari tengah-tengahmu. Bangunlah, kuduskanlah bangsa itu dan katakan: Kuduskanlah dirimu untuk esok hari, sebab, demikianlah firman TUHAN, Allah Israel:Hai, orang Israel ada barang-barang yang dikhususkan di tengah-tengahmu; kamu tidak akan dapat bertahan menghadapi musuhmu, sebelum barang-barang yang dikhususkan itu kamu jauhkan dari tengah-tengah kamu."

Dengan kemenangan mereka di Yerikho, bani Israel menjadi penuh moralnya dan mereka berjalan menuju kota Ai. Tetapi pada waktu itu mereka mengabaikan sesuatu. Mereka tidak mengalahkan kota Yerikho karena kemampuan besar mereka, tetapi karena Allah beserta mereka. Maka kemudian, ketika mereka menyerang Ai, mereka seharusnya tidak langsung menyerang kota tersebut dengan mengandalkan pada pendapat pribadi mereka, tetapi mereka sebaiknya mencari kehendak Allah terlebih dulu. Tetapi karena Ai adalah sebuah kota kecil, mereka hanya mengandalkan pada kekuatan dan kemampuan mereka sendiri.

Kekalahan di Ai

Para pengintai yang memata-matai kota Ai berkata pada Yosua, *"Tidak usah seluruh bangsa itu pergi, biarlah hanya kira-kira dua atau tiga ribu orang pergi untuk menggempur Ai itu; janganlah kaususahkan seluruh bangsa itu dengan berjalan ke sana, sebab orang-orang di sana sedikit saja."* Karena mereka telah mengalahkan Yerikho yang tak terkalahkan dengan mudahnya, mereka pikir Ai tidak akan menjadi masalah bagi mereka.

Tentu saja, jika untuk hal yang sangat sulit seperti mengalahkan Yerikho, mereka akan bertanya kepada Allah dulu, tetapi mereka menganggap bahwa mereka dapat langsung mengalahkan kota Ai dengan kekuatan mereka sendiri. Di sinilah Yosua membuat sebuah kesalahan kritis.

Tanpa mencoba untuk mengetahui kehendak Allah, dia langsung membuat keputusan dengan hanya mendengar laporan dari para pengintai. Ketika mereka menyeberangi Sungai Yordan dan mengalahkan Yerikho, mereka mendengarkan Allah, tetapi kali ini mereka hanya mendengarkan manusia.

Setelah mendengarkan laporan dari para pengintai, hanya tiga ribu orang yang pergi untuk berperang, dan Israel dikalahkan secara brutal. Mereka dikejar oleh orang-orang Ai, dan 36 dari mereka mati dalam pertempuran.

Mereka menganggap Allah beserta dengan mereka dan mereka pasti akan menang, tetapi yang mereka dapatkan hanya korban-korban tanpa mengalahkan kota kecil Ai. Hal ini merupakan kejutan besar buat mereka. Itu bukan sekedar kekalahan; hal itu merupakan sebuah masalah besar karena Allah menyertai mereka lagi.

Itulah mengapa Yosua 7:5 berkata, *"Sebab orang-orang Ai menewaskan kira-kira tiga puluh enam orang dari mereka; orang-orang Israel itu dikejar dari depan pintu gerbang kota itu sampai ke Syebarim dan dipukul kalah di lereng. Lalu tawarlah hati bangsa itu amat sangat."*

Hanya karena bangsa Israel telah menyeberang Sungai Yordan dan mengalahkan kota Yerikho, tidak berarti bahwa mengalahkan Tanah Kanaan sudahlah lengkap. Dalam perang yang berkelanjutan yang akan mengikuti sesudahnya, mereka harus waspada dan menerima pertolongan Allah.

Biasanya, bahkan dalam dunia ini ketika orang-orang melakukan sesuatu yang luar biasa, mereka bertindak dengan ketetapan hati yang teguh pada awalnya, tetapi sekali mereka mengalahkan situasi yang sulit, pikiran mereka menjadi lebih santai. Mereka menjadi malas atau bangga dan akhirnya mereka gagal.

Alasan mengapa bangsa Israel dapat menyeberangi Sungai Yordan dan mengalahkan kota Yerikho yang kuat dengan mudahnya bukanlah karena kemampuan mereka yang hebat, tetapi karena Allah beserta dengan mereka. Mereka lupa fakta ini dan dikalahkan dengan sangat buruk dalam peperangan dengan kota kecil Ai.

- Dosa Akhan -

Yosua merobek jubahnya dan jatuh tersungkur ke tanah dengan wajahnya sujud ke tanah di hadapan tabut Allah sampai malam, baik dia dan para tua-tua Israel; mereka meletakkan abu ke atas kepala mereka. Dia bertobat di hadapan Allah mengambil tanggung jawab sebagai pemimpin.

O Tuhan, apakah yang akan kukatakan, setelah

orang Israel lari membelakangi musuhnya? Apabila hal itu terdengar oleh orang Kanaan dan seluruh penduduk negeri ini, maka mereka akan mengepung kami dan melenyapkan nama kami dari bumi ini. Dan apakah yang akan Kaulakukan untuk memulihkan nama-Mu yang besar itu? (Yosua 7:8-9) .

Karena mereka tahu Allah beserta dengan mereka, Israel dapat menjadi berani di hadapan musuh-musuh mereka dan itulah mengapa orang Kanaan takut terhadap mereka. Tetapi ketika mereka melihat mereka dikalahkan di Ai, mereka merasa bahwa itu adalah sebuah pertanda pasti bahwa Allah telah berbalik dari Israel. Jika Allah telah meninggalkan Isrel, maka tidak akan ada hal lain bagi mereka kecuali penghancuran mereka oleh musuh di tengah-tengah medan perang.

Yosua mengoyak hatinya dan memohon pada Allah karena dia tidak mengerti mengapa hal seperti ini terjadi dan apa yang harus dia lakukan. Sama halnya, jika kita memiliki suatu masalah di rumah, di tempat kerja, atau dalam bisnis, kita sebaiknya mengerti bahwa ada masalah dengan diri kita. Kita harus memeriksa diri kita sendiri dan mencari tahu apa yang salah dalam pandangan Allah dan bertobat dari hal itu.

Ketika Yosua tersungkur ke tanah di hadapan tabut Allah dengan para tua-tua Israel, Allah mengatakan kpadanya alasan kekalahan Israel.

Allah memerintahkan bangsa Israel untuk mempersembahkan kepada Allah semua yang mereka ambil dari Yerikho, kota pertama yang mereka kalahkan, tetapi ada seorang di antara bani Israel yang tidak taat (Yosua 7:11-12). Allah juga mengatakan bahwa Ia tidak dapat bersama dengan Israel sampai mereka menyelesaikan masalah ini. Di sini, Allah tidak secara langsung memberitahu mereka siapa orang tersebut tetapi menyuruh mereka untuk mencarinya dengan sistem membuang undi.

Yosua menyampaikan perintah Allah tersebut kepada orang-orang dan memerintahkan mereka untuk mentahbiskan diri mereka. Hal itu sedikit terlambat karena mereka telah kalah dalam sebuah perang, tetapi mereka masih harus berbalik dan menyelesaikan masalah dosa di antara bani Israel.

Bangunlah, kuduskanlah bangsa itu dan katakan: Kuduskanlah dirimu untuk esok hari, sebab, demikianlah firman TUHAN, Allah Israel:Hai, orang Israel ada barang-barang yang dikhususkan di tengah-tengahmu; kamu tidak akan dapat bertahan menghadapi musuhmu, sebelum barang-barang yang dikhususkan itu kamu jauhkan dari tengah-tengah kamu. (Yosua 7:13).

Keesokan paginya, ketika mereka membuang undi di antara semua suku Israel, suku Yehuda terpilih. Kemudian, di antara suku Yehuda, kaum Zerah terpilih, dan dari mereka, didapatilah Zabdi. Akhirnya, Akhan dipilih dari antara orang-orang Zabdi.

Kesempatan untuk dipilih dengan cara melempar undi

adalah sama untuk semua orang. Jika kita melempar undi untuk seratus orang, kesempatan untuk dipilih adalah 1/100. Tetapi Allah dengan akurat memilih orang ini, Akhan, yang berdosa di antara sekian juta orang. Amsal 16:33 berkata, *"Undi dibuang di pangkuan, tetapi setiap keputusannya berasal dari pada TUHAN."* Hal itu bukanlah sebuah kebetulan tetapi pekerjaan Allah sendiri. Karenanya, sejak saat itu, orang-orang Israel sering membuang undi ketika mereka melakukan sesuatu dalam nama Allah.

Yaitu, kasus-kasus dimana mereka membagi-bagi Tanah Kanaan, ketika Yunus bertemu dengan sebuah badai besar ketika dia sedang melarikan diri ke Tarsis dalam ketidaktaatan pada firman Allah, dan ketika mereka memilih murid untuk menggantikan posisi Yudas Iskariot (Yosua 18:10, 19:51; Yunus 1:7; Kisah Para Rasul 1:26).

Hanya dengan melihat proses pengungkapan dosa Akhan, kita dapat mengerti sekali lagi bahwa Allah mengetahui segala sesuatu dengan sangat jelas dan Dia mengendalikan segala sesuatu.

Berkatalah Yosua kepada Akhan: "Anakku, hormatilah TUHAN, Allah Israel, dan mengakulah di hadapan-Nya; katakanlah kepadaku apa yang kauperbuat, jangan sembunyikan kepadaku." (Yosua 7:19).

Aku melihat di antara barang-barang jarahan

itu jubah yang indah, buatan Sinear, dan dua ratus
syikal perak dan sebatang emas yang lima puluh
syikal beratnya; aku mengingininya, maka kuambil;
semuanya itu disembunyikan di dalam kemahku dalam
tanah, dan perak itu di bawah sekali. (Yosua 7:21).

Akhan tanpa terelakkan lagi dipilih oleh undi yang diperintahkan Allah. Ketika Yosua meminta dia untuk mengatakan yang sebenarnya, dia tidak dapat menyembunyikan apa yang telah diperbuatnya dan mengakui bahwa dia telah menyembunyikan apa yang telah dia ambil di dalam tanah di dalam tendanya.

Melalui hal ini, kita harus mengingat bahwa Allah tidak bersama dengan seluruh bangsa Israel karena dosa satu orang. Dalam Pengkotbah 9:18, bagian kedua berkata, *"Tetapi satu orang yang keliru dapat merusakkan banyak hal yang baik."*

Bahkan hari ini kadang-kadang seluruh organisasi harus mengambil tanggung jawab untuk apa yang dilakukan oleh salah satu dari anggotanya. Korupsi dari seorang abdi masyarakat akan menjatuhkan nama semua abdi masyarakat. Dalam militer, seluruh unit tentara bisa mendapatkan suatu hukuman sebagai hasil dari kesalahan satu orang.

Apa yang Allah inginkan adalah sanksi total untuk semua bangsa Israel dan ketaatan total. Jika satu orang tidak taat, hal itu akan membuat Allah meninggalkan Israel secara keseluruhan.

Kota Ai Dikalahkan

Untuk menyelesaikan masalah ini, Israel harus menghancukan jejak-jejak dosa dan menghancurkan dinding dosa yang berdiri antara mereka dengan Allah. Yosua memerintahkan mereka untuk mengambil Akhan dengan perak, jubah, dan emas sebatang yang telah dia ambil bersama dengan keluarganya, hewan ternaknya, dan semua harta bendanya ke lembah Akhor. Seluruh bangsa Israel melempari dia dengan batu dan semua yang berkaitan dengan dia dan membakarnya. Mereka meletakkan di atasnya sebuah batu besar, dan karena itu nama tempat itu disebut "lembah Akhor" sampai hari ini.

Seseorang mungkin menganggap bahwa hal itu terlalu kejam untuk memberikannya hukuman seperti itu hanya karena mencuri sebuah jubah dan beberapa perak dan emas. Tetapi, dalam Keluaran 22 kita melihat hukuman untuk mencuri. Seorang pencuri harus membayar dua kali lebih banyak dari jumlah yang telah dia curi, atau sesuai dengan objek yang dia curi, dia harus membayar empat atau lima kali lebih banyak.

Tetapi disini, dosa Akhan bukanlah sekedar pencurian sederhana. Dia mencuri apa yang dipisahkan secara khusus untuk Allah. Hal ini menunjukkan bahwa dia sama sekali tidak takut akan Allah, yang berarti dia menganggap nama Allah kesia-siaan dan tidak percaya kepada-Nya. Hanya setelah orang Israel menyelesaikan masalah dosa barulah kemudian Allah mengatakan pada mereka secara rinci bagaimana menyerang kota Ai (Yosua Pasal 8).

Strategi yang diberikan kepada Israel oleh Allah pada dasarnya adalah Israel harus berpura-pura bahwa mereka telah dikalahkan dan mundur sambil terus berperang sehingga mereka dapat membawa kekuatan musuh keluar dari kota Ai. Kemudian, tentara Israel yang lain bersebunyi di dalam semak-semak dekat kota masuk ke dalam kota, mengalahkannya, dan membakarnya.

Yosua mengikuti firman Allah. Dia menyembunyikan beberapa tentara ke bagian barat kota, dan dia memimpin beberapa tentara lainnya untuk bergabung dengannya bertempur di bagian utara kota. Tidak lama kemudian, mereka mulai mundur. Karena orang-orang Ai telah meraih kemenangan, mereka menjadi kurang hati-hati untuk meninggalkan gerbang kota mereka terbuka untuk mengikuti tentara Israel.

Pada saat ini, Yosua memberikan tanda dengan mengacungkan lembingnya, dan tentara-tentara yang sedang bersembunyi bangkit dan dengan mudahnya mengalahkan kota yang kosong. Para tentara tersebut dibagi dalam dua kelompok yang berbeda menyerang tentara Ai dan menghancurkan mereka dengan total.

Pelajaran yang Diberikan dalam Mengalahkan Ai

Kita dapat mempelajari beberapa hal penting dari proses yang terlibat dalam mengalahkan kota Ai. Yang pertama adalah bahwa kita harus mengetahui kehendak Allah dalam segala hal. Mereka sebaiknya tidak sekedar berpikir, "Dua atau tiga ribu tentara sudah cukup karena itu adalah sebuah kota yang kecil," tetapi tanyakan kepada Allah apa yang harus dilakukan. Sampai pada saat mereka mengalahkan seluruh tanah di Kanaan, mereka harus meminta kuasa Allah dengan hati dan pikiran yang rendah hati.

Pada dasarnya, ketika kita merencanakan sesuatu dan mencoba untuk mencapainya, kita pertama-tama harus mendengar suara Roh Kudus dan dibimbing oleh-Nya melalui doa yang sungguh-sungguh untuk mencari kehendak Allah.

Juga, bagi kita untuk berjalan dengan Allah, kita harus membuang dosa dan kejahatan dengan total dan menjadi suci. Alasan mengapa Israel kalah di Ai pada saat yang pertama bukanlah karena orang-orang Ai besar dan kuat. Hal itu karena Allah tidak beserta dengan mereka karena dosa Akhan. Hanya setelah mereka menghilangkan dosa dari Israel mereka dapat menang dengan pertolongan Allah.

Satu kesalahan umum yang dilakukan manusia adalah bahwa kita begitu bertekun untuk memperoleh pekerjaan Allah sehingga terkadang kita tidak mencari kehendak Allah, yang mana merupakan hal yang paling penting.

1 Tesalonika 4:3 mengatakan, *"Karena inilah kehendak Allah, Pengudusanmu."* Tetapi untuk bangsa Israel pada waktu itu, mereka pikir hal yang penting adalah untuk secepatnya menyerang kota Ai dan mengalahkannya. Tetapi apa yang paling penting bagi Allah adalah bahwa orang Israel terpisah dari dosa-dosa dan menjaga kekudusan mereka sebagai umat pilihan Allah.

Sekarang hal itu juga masih sama. Meskipun kita bekerja begitu banyak untuk kerajaan Allah, kita secara teratur harus memeriksa perkataan dan perbuatan kita untuk menjauhkan dosa-dosa, sehingga kita dapat mengejar damai sejahtera dengan semua orang dan mendapatkan pengudusan.

Ketika kita membersihkan hati kita dan menerima bimbingan dari Roh Kudus untuk taat pada apa yang Allah benar-benar inginkan, barulah kemudian kita dapat menuai kebaikan dan berbuah lebat dalam segala hal dan memberikan kemuliaan bagi Allah.

Proklamasi di Gunung Gerizim dan Gunung Ebal

Yosua tidak hanya terus bergerak untuk mengalahkan sisa Tanah Kanaan tetapi di hadapan Allah dengan orang-orang Israel lainnya dia membangun sebuah mezbah. Hal ini merupakan sebuah bagian dari amanat terakhir Musa.

Lihatlah, aku memperhadapkan kepadamu pada

hari ini berkat dan kutuk: berkat, apabila kamu mendengarkan perintah TUHAN, Allahmu, yang kusampaikan kepadamu pada hari ini;dan kutuk, jika kamu tidak mendengarkan perintah TUHAN, Allahmu, dan menyimpang dari jalan yang kuperintahkan kepadamu pada hari ini, dengan mengikuti allah lain yang tidak kamu kenal. Jadi apabila TUHAN, Allahmu, telah membawa engkau ke negeri, yang engkau masuki untuk mendudukinya, maka haruslah engkau mengucapkan berkat di atas gunung Gerizim dan kutuk di atas gunung Ebal. (Ulangan 11:26-29).

Di tengah-tengah Tanah Kanaan, terdapat dua buah gunung. Satu disebut Gerizim dan satunya lagi disebut Ebal. Musa meminta Yosua untuk memproklamirkan perintah Allah kepada orang-orang Israel sekali lagi di tempat ini.

Karena mereka telah mengalami sebuah kekalahan akibat dosa Akhan, Yosua mungkin merasa perlunya sekali lagi mengajarkan untuk Hukum Taurat Allah kepada bangsa itu yang telah disampaikan kepada mereka oleh Musa.

Yosua membangun mezbah, membagi bangsa Israel menjadi dua, dan membiarkan masing-masing kelompok di hadapan Gunung Gerizim dan Gunung Ebal. Dan Kaum Lewi mulai meproklamirkan Hukum Taurat Allah kepada orang-orang tersebut dengan suara yang keras.

Ketika kata-kata berkat diproklamirkan, orang-orang dari kaum Simeon, Lewi, Yehuda, Isakhar, Yusuf, dan Benyamin yang berdiri di Gunung Gerizim menjawab dengan "Amin," dan terhadap kata-kata kutukan, orang-orang dari kaum Ruben, Gad, Asyer, Zebulon, Dan, dan Naftali menjawab dengan "Amin" di Gunung Ebal.

Dapatkah Anda membayangkan dampak seperti apa yang telah dihasilkan hal ini terhadap hati bani Israel? Jutaan orang berdiri dalam dua kelompok, Hukum Taurat Allah diproklamirkan dengan hikmat, dan orang-orang menjawab baik terhadap berkat dan kutuk dengan 'Amin'.

Orang-orang yang menghadiri upacara yang tenang ini mungkin mengingat perintah-perintah Allah dan tidak memiliki hasrat untuk melanggarnya 'sampai akhir hayat mereka'. Secara khusus, mereka mengalami dengan sangat jelas, melalui kekalahan di Ai, berkat-berkat dan kutuk-kutuk apa yang akan mereka alami sesuai dengan ketaatan atau ketidaktaatan mereka terhadap firman Allah.

Mereka telah diajarkan firman Allah sebegitu seringnya oleh Musa, dan sekarang Yosua hanya perlu membicarakannya sekali lagi. Tetapi Allah membuat hal itu begitu dramatis sehingga orang-orang tersebut dapat memelihara Hukum Taurat itu dalam-dalam di hati mereka.

Kita tidak akan pernah dapat lebih menekankan pentingnya Hukum Taurat Allah. Meskipun mereka mempelajari Hukum Taurat Allah lagi dan lagi, mereka terkadang meninggalkan Allah dan melakukan dosa dan akibatnya menderita kelaparan, perang, dan tekanan dari negara-negara lain. Berkali-kali mereka menyesal dan mencari Allah dalam masa-masa kesulitan, tetapi ketika mereka mendapatkan kedamaian, mereka melanggar Hukum Taurat lagi.

Tetapi jika kita menerima penyelesaian terhadap masalah-masalah kita dan bergelimang dalam dosa lagi, Alkitab memberitahu kita, bahwa kita akan mengalami sesuatu yang lebih besar dari pada masalah sebelumnya. Setelah Yesus menyembuhkan seorang yang lumpuh, Dia menginginkan dia untuk tidak berbuat dosa lagi (Yohanes 5:14). 2 Petrus 2:20 juga berkata, *"Sebab jika mereka, oleh pengenalan mereka akan Tuhan dan Juruselamat kita, Yesus Kristus, telah melepaskan diri dari kecemaran-kecemaran dunia, tetapi terlibat lagi di dalamnya, maka akhirnya keadaan mereka lebih buruk dari pada yang semula."*

Apa yang Allah inginkan dari anak-anak-Nya bukanlah kepercayaan yang dipaksakan hanya untuk menghindari penderitaan atau malapetaka. Dia menginginkan anak-anak sejati yang mengerti hati Allah, memelihara perintah-perintah-Nya dengan sukacita dan mengucap syukur atas kasih-Nya, dan menyucikan diri mereka untuk dapat menyerupai Allah sendiri.

Bab 9

Matahari dan Bulan Berhenti

- Kemenangan Perang Gibeon -

Yosua 10:12-14

Lalu Yosua berbicara kepada TUHAN pada hari TUHAN menyerahkan orang Amori itu kepada orang Israel; ia berkata di hadapan orang Israel: "Matahari, berhentilah di atas Gibeon dan engkau, bulan, di atas lembah Ayalon!" Maka berhentilah matahari dan bulanpun tidak bergerak, sampai bangsa itu membalaskan dendamnya kepada musuhnya. Bukankah hal itu telah tertulis dalam Kitab Orang Jujur? Maka berhentilah matahari ditengah angkasa dan dia tidak bergerak turun selama kira-kira sepanjang hari. Belum pernah ada hari seperti itu, baik dahulu maupun kemudian, bahwa TUHAN mendengarkan permohonan seorang manusia secara demikian, sebab yang berperang untuk orang Israel ialah TUHAN.

Pada masa ketika Israel memasuki Tanah Kanaan, terdapat tujuh suku lokal yang telah mendiami tanah tersebut. Mereka adalah orang Kanaan, orang Het, orang Hewi, Orang Peris, orang Girgasi, orang Amori, dan orang Yebus.

Orang Girgasi relatif lebih lemah dari pada yang lainnya dan mereka kemudian bersatu dengan kaim-kaum yang lain. Jadi, terkadang, Alkitab menyebutkan hanya enam suku tanpa mengikutsertakan orang Girgasi. Sebagai tambahan, mereka adalah orang Filistin, orang Amalek, dan orang Keni yang ada disekeliling Tanah Kanaan.

Ketika kota Ai yang letaknya di bagian tengah Kanaan telah dikalahkan, orang-orang yang berbeda-beda yang ada di Kanaan tersebut menjadi takut dan mencoba mencari sebuah solusi. Orang Het, Amori, Kanaan, Hewi, dan Yebus sepakat bahwa mereka akan membentuk suatu pasukan bersama untuk melawan bangsa Israel.

Tetapi suku yang lainnya mencoba metode yang berbeda.

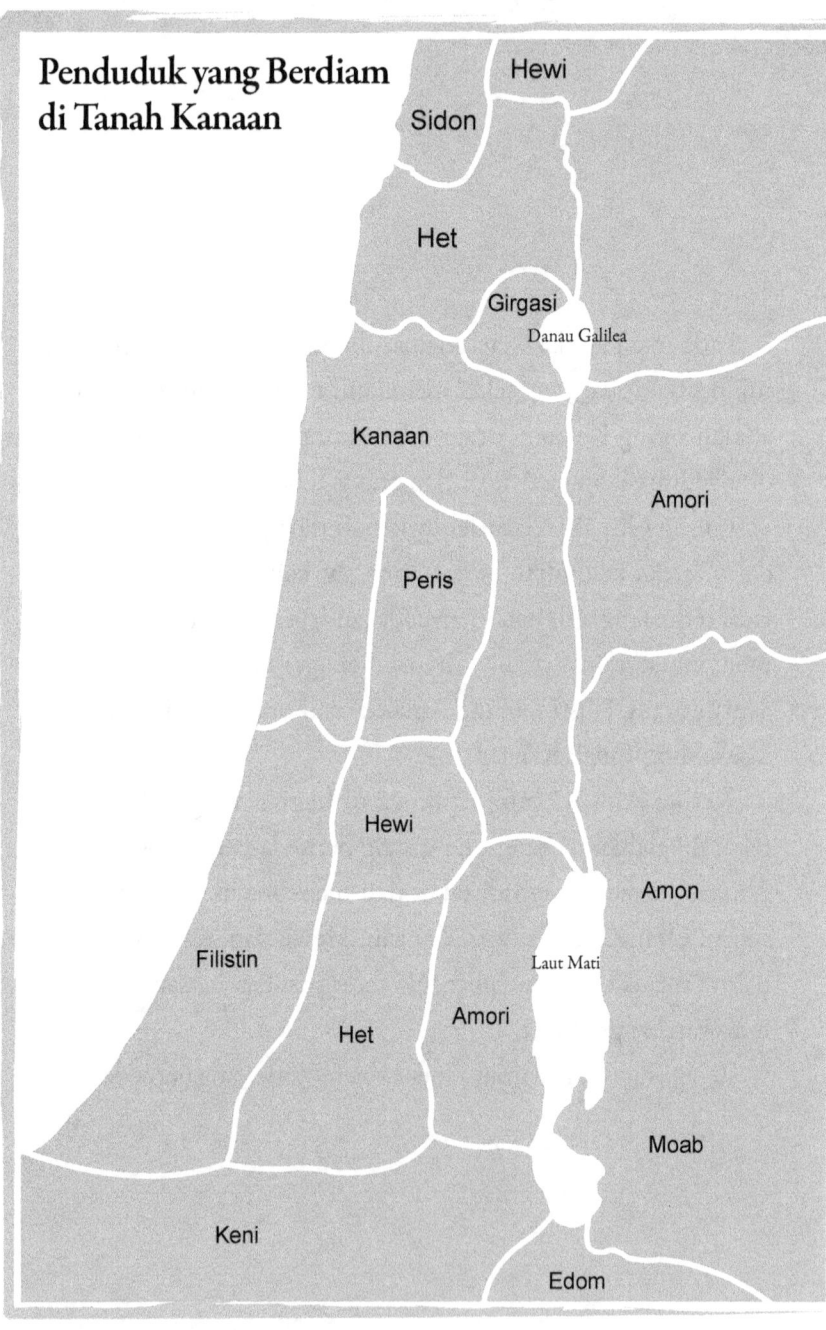

Penduduk yang Berdiam
di Tanah Kanaan

Hewi

Sidon

Het

Girgasi

Danau Galilea

Kanaan

Amori

Peris

Hewi

Amon

Filistin

Laut Mati

Het

Amori

Moab

Keni

Edom

Kebohongan Gibeon untuk Membuat Perjanjian Damai

Suatu hari beberapa orang asing datang ke perkemahan orang Israel ingin membuat sebuah perjanjian damai dengan mereka. Bangsa Israel berhati-hati terhadap mereka dan menanyakan sebuah pertanyaan kepada mereka.

Tetapi berkatalah orang-orang Israel kepada orang-orang Hewi itu: "Barangkali kamu ini diam di tengah-tengah kami, bagaimana mungkin kami mengikat perjanjian dengan kamu?" (Yosua 9:7).

Mereka berkata mereka berasal dari sebuah negeri yang jauh dan mereka datang untuk mengikat perjanjian damai setelah mendengar tentang kemasyuran TUHAN Allah, apa yang telah Dia lakukan di Mesir dan bagaimana Dia membiarkan bangsa Israel mengalahkan beberapa bangsa di Kanaan. Orang Hewi yang berdiam di Gibeon memilih untuk menipu Israel dan mendapatkan sebuah perjanjian damai daripada berperang melawan mereka.

Pada waktu itu orang Hewi berdiam di dua wilayah: yang satu di dekat Gunung Hermon ke bagian utara dan satunya lagi di Gibeon di tengah-tengah Tanah Kanaan. Orang Hewi yang datang untuk perjanjian damai adalah yang berasal dari Gibeon. Untuk alasan ini Alkitab terkadang mengacu kepada orang Hewi sebagai orang-orang Gibeon.

Sebenarnya, Allah memerintahkan orang Israel untuk

tidak membuat perjanjian apapun dengan orang Kanaan atau menunjukkan belas kasihan kepada mereka.

Apabila TUHAN, Allahmu, telah membawa engkau ke dalam negeri, ke mana engkau masuk untuk mendudukinya, dan Ia telah menghalau banyak bangsa dari depanmu, yakni orang Het, orang Girgasi, orang Amori, orang Kanaan, orang Feris, orang Hewi dan orang Yebus, tujuh bangsa, yang lebih banyak dan lebih kuat dari padamu, dan TUHAN, Allahmu, telah menyerahkan mereka kepadamu, sehingga engkau memukul mereka kalah, maka haruslah kamu menumpas mereka sama sekali. Janganlah engkau mengadakan perjanjian dengan mereka dan janganlah engkau mengasihani mereka. (Ulangan 7:1-2).

Alasan mengapa Allah memerintahkan mereka untuk tidak membuat perjanjian apapun dengan orang-orang di Kanaan adalah karena takut bahwa mereka juga akan menjadi tercemar dengan dosa-dosa yang dilakukan di Kanaan. Seperti yang telah disebutkan sebelumnya, di Kanaan dan di tanah tetangganya orang-orang dengan tanpa belas kasihan akan membakar anak-anak mereka sendiri untuk dipersembahkan kepada allah mereka dan bermain-main dengan perempuan sundal.

Tetapi jika orang-orang yang berada jauh dari Kanaan ingin berdamai dengan orang Israel dan melayani Israel, Allah katakan tidak apa-apa untuk berdamai dengan mereka.

Tetapi orang-orang ini yang telah datang untuk bertemu dengan Yosua berkata bahwa mereka telah datang dari tanah yang sangat jauh, roti yang mereka bawa sekarang telah kering dan telah menjadi remah-remah dan pakaian, kasut, dan kirbat-kirbat anggur mereka telah menjadi buruk.

Inilah roti kami: masih panas ketika kami bawa sebagai bekal dari rumah pada hari kami berangkat berjalan mendapatkan kamu, tetapi sekarang, lihatlah, telah kering dan tinggal remah-remah belaka Inilah kirbat-kirbat anggur, yang masih baru ketika kami mengisinya, tetapi lihatlah, telah robek; dan inilah pakaian dan kasut kami, semuanya telah buruk-buruk karena perjalanan yang sangat jauh itu. (Yosua 9:12-13).

Maka, Yosua membuat perjanjian damai tersebut dengan mereka tanpa bertanya kepada Allah atau memeriksa hal ini dengan seksama.

Lalu orang-orang Israel mengambil bekal orang-orang itu, tetapi tidak meminta keputusan TUHAN. Maka Yosua mengadakan persahabatan dengan mereka dan mengikat perjanjian dengan mereka, bahwa ia akan membiarkan mereka hidup; dan para pemimpin umat itu bersumpah kepada mereka. (Yosua 9:14-15).

Sebuah kesalahan dibuat lagi sama seperti ketika mereka

menyerang Ai. Mereka memutuskan apa yang harus dilakukan hanya dengan mendengar laporan dari pengintai tanpa menanyakan kehendak Allah.

Gibeon tidak jauh dari perkemahan bangsa Israel di Gilgal. Roti yang kering dan pakaian yang telah buruk semuanya adalah kesaksian palsu. Tiga hari kemudian bangsa Israel menjadi tahu kebenaran bahwa orang-orang ini adalah orang Hewi yang berdiam di Gibeon. Tetapi, itu setelah mereka terlanjur membuat perjanjian.

Konsekuensinya adalah bahwa mereka harus memberi orang Hewi tanah Gibeon, yang seharusnya mereka kalahkan. Meskipun mereka dicurangi oleh orang-orang tersebut, karena mereka telah membuat sumpah di hadapan Allah, mereka tidak dapat membalikkannya.

Mengapa kamu menipu kami dengan berkata: Kami ini tinggal sangat jauh dari pada kamu, padahal kamu diam di tengah-tengah kami? (Yosua 9:22).

Jawab mereka kepada Yosua, katanya: "Sebab telah dikabarkan dengan sungguh-sungguh kepada hamba-hambamu ini, bahwa TUHAN, Allahmu, memerintahkan kepada Musa hamba-Nya, memberikan seluruh negeri itu kepadamu dan memunahkan seluruh penduduk negeri itu dari depan kamu, maka sangatlah kami takut kehilangan nyawa, menghadapi kamu; itulah sebabnya kami melakukan yang demikian." (Yosua 9:24).

Karena Israel telah membuat sebuah sumpah di hadapan Allah, mereka membiarkan bangsa itu hidup. Tetapi Yosua membuat mereka menjadi pembantu umum, 'tukang belah kayu' dan 'tukang timba air', untuk umat itu dan untuk mezbah TUHAN (Yosua 9:27). Beberapa orang mungkin berkata Israel dapat saja menganggap perjanjian tersebut tidak sah karena orang-orang dari Gibeon telah menipu mereka. Tetapi setiap jenis sumpah yang dibuat di hadapan Allah harus ditepati dalam kasus apapun. Hal ini sama halnya dengan ketika kita membuat sebuah janji dengan seseorang. Bahkan jika janji itu tidak menguntungkan bagi kita atau bahkan menimbulkan kerugian bagi kita, kita harus menepatinya. Bahkan walaupun orang lain tersebut mencurangi atau menipu kita, kitalah yang membiarkan diri kita sendiri dicurangi atau ditipu, yang berarti, kita sebaiknya tidak melanggar janji tersebut.

Pelajaran yang Harus Dipelajari dari Insiden dengan Gibeon

Melalui insiden di Gibeon kita harus menyadari betapa pentingnya bahwa segala sesuatu yang kita lakukan harus dilakukan dengan pertama-tama menyadari kehendak Allah dan kemudian mengikutinya.

Meskipun hal itu tidak disengaja, sebagai konsekuensi dari membuat perjanjian damai dengan orang-orang Gibeon, Israel melanggar perintah Allah yang mengatakan pada mereka untuk tidak membuat perjanjian apapun dengan orang-orang Kanaan.

Jika mereka sebelumnya meminta nasehat Allah, mereka tidak akan membuat kesalahan seperti ini.

Dalam hidup kita, dalam bisnis kita atau dalam rancangan kontrak, beberapa orang mungkin mencoba untuk mencurangi kita. Namun, dalam kasus seperti ini kita tidak dapat lantas membiarkan mereka mencurangi kita karena Alkitab menyuruh kita untuk 'mencari keuntungan orang lain' (1 Korintus 10:24).

Mencari keuntungan dan manfaat untuk orang lain dalam kebaikan adalah satu hal, tetapi memberikan orang lain keuntungan sementara menerima diri dicurangi adalah sesuatu yang benar-benar berbeda. Jika kita hanya melihat pada fakta yang kelihatannya pasti, kita mungkin tidak mengerti maksud jahat dari orang lain dan ditipu dan dikecoh. Juga, jika kita hanya berpikir tentang keuntungan besar yang akan kita dapatkan, kita cenderung mudah untuk mempercayai kebohongan orang lain.

Oleh karena itu, hal yang penting adalah untuk mencari kehendak Allah dengan menanyakan nasihat-Nya melalui doa yang sungguh-sungguh. Jika kita hanya memiliki kebaikan dalam hati kita dan tidak serakah, maka kita dapat menerima bimbingan Roh Kudus. Dengan jalan ini kita memperoleh hikmat Allah dan bahkan ketika orang lain mencoba untuk mencurangi kita, Roh Kudus akan membuat kita menyadarinya dan mengajar kita cara untuk menghindarinya.

Berikutnya, kita harus mengerti betapa pentingnya kata-kata yang keluar dari bibir kita.

Karena insiden dengan Gibeon, beberapa tahun kemudian setelah mereka membuat perjanjian dengan mereka, Israel harus mengalami sebuah bencana. Terdapat bencana kelaparan yang berlangsung selama tiga tahun, dan Daud berdoa untuk hal itu. Allah berkata hal itu karena Israel telah melanggar perjanjian yang telah mereka buat dengan orang Gibeon.

Yaitu, Saul, Raja Israel yang pertama, mencoba untuk menghancurkan seluruh orang Gibeon yang mengakibatkan melanggar perjanjian yang telah dibuat Yosua dengan mereka. Sebagai hasilnya terjadi kelaparan di seluruh Israel. Akhirnya, kelaparan tersebut berhenti hanya setelah mereka membunuh tujuh keturunan Saul seperti yang diminta oleh orang-orang Gibeon.

Dalam Hakim-hakim pasal 11, terdapat satu orang lagi yang menyebabkan dirinya mengalami sebuah penderitaan karena kata-kata dari bibirnya. Orang itu adalah Yefta. Ketika dia akan pergi berperang melawan bani Amon, dia bernazar bahwa jika Allah memberikannya kemenangan, dia akan mempersembahkan korban bakaran yaitu orang pertama yang keluar untuk menyambut dia ketika dia pulang.

Allah tidak menerima seseorang menjadi sebuah korban bakaran, atau pun menyuruh Yefta untuk memberikan korban bakaran apa pun. Tetapi sebelum perang besar tersebut Yefta membuat nazar ini dan akhirnya dia memenangkan perang melawan bani Amon tersebut.

Ketika dia pulang ke rumah setelah kemenangan tersebut, anak perempuan satu-satunyalah yang pertama kali keluar untuk menyambut dia. Dia keluar untuk menyambut ayahnya dengan tamborin dan dengan menari.

Yefta berkata, *"Ah, anakku, engkau membuat hatiku*

hancur luluh dan engkaulah yang mencelakakan aku; aku telah membuka mulutku bernazar kepada TUHAN, dan tidak dapat aku mundur." (Hakim-hakim 11:35).

Tidak hanya putrinya, tetapi tidak seorang pun ingin mati dengan cara demikian. Tetapi Yefta membuat sebuah nazar yang ceroboh untuk mempersembahkan nyawa seseorang hanya untuk mendapatkan apa yang dia inginkan. Karena hal itu, dia harus memberikan putri satu-satunya sebagai sebuah korban bakaran.

Jika dia melanggar nazarnya dengan tidak memberikan anak perempuannya sebagai korban bakaran, dia akan mengalami kesukaran yang lebih besar lagi dan situasi yang lebih sulit dari pada kehilangan anak perempuannya, melalui dakwaan-dakwaan Iblis. Hidup dan mati dikuasai lidah, siapa suka menggemakannya, akan memakan buahnya (Amsal 18:21).

Kita sebaiknya selalu berhati-hati dengan perkataan kita sehingga kita tidak akan mengucapkan apapun yang dapat membuat Iblis membawa dakwaan melawan kita. Kita harus membuang semua perkataan sia-sia seperti nazar yang sembrono, perkataan keluhan, perkataan penyesalan, perkataan negatif, atau perkataan yang menghakimi dan menuduh. Marilah kita hanya mengucapkan perkataan kebenaran dan kebaikan untuk menyenangkan Allah.

Perang di Bagian Selatan Kanaan

Gibeon adalah sebuah kota yang sibuk, seperti salah satu kota-kota kerajaan, dan semua orang-orangnya adalah orang yang perkasa. Inilah kota Gibeon yang telah masuk pada sebuah perjanjian damai dengan Israel hanya sekedar untuk bertahan hidup. Berita ini mengejutkan orang-orang lain di Kanaan dan membuat mereka gemetar. Juga, karena tidak ada perlawanan di wilayah Gibeon, tentara Israel dapat bergerak lebih cepat lagi. Maka, kelima raja orang Amori yang berdiam di sekeliling Gibeon membentuk sekutu dan menyerang Gibeon, karena Gibeon adalah seperti seorang pengkhianat dalam pandangan mereka. Karena orang-orang Gibeon tidak dapat menang melawan kekuatan sekutu tersebut, mereka meminta bantuan Israel.

Datanglah dengan segera kepada kami, lepaskanlah kami dan bantulah kami, sebab semua raja orang Amori, yang diam di pegunungan, telah bergabung melawan kami. (Yosua 10:6).

Seperti yang dikatakan beberapa orang, 'sebuah krisis bagi seseorang adalah sebuah kesempatan bagi orang lain,' kekuatan sekutu orang Amori dapat menjadi sebuah masalah besar untuk Israel, tetapi pada saat yang sama dapat juga menjadi sebuah kesempatan besar. Untuk menyerang kota-kota Kanaan satu persatu akan memakan waktu yang lama, tetapi jika mereka menghancurkan kekuatan sekutu tersebut, mereka dapat mendapatkan beberapa kita dalam satu waktu.

Berfirmanlah TUHAN kepada Yosua: "Janganlah takut kepada mereka, sebab Aku menyerahkan mereka

Yosua Mengalahkan Kanaan

Sidon
Damsyik
Gunung Hermon
Sarfat
Tirus
Dan
Merom
Hazor
Asytarot
Akhsaf
Danau
Galilea
Laut Besar
(Laut Mediterania)
Simron
Gunung Karmel
Endor
Edrei
Dor
Megido
Ramot-Gilead
Yizreel
Dotan
Gunung Ebal
Sukot
Sikhem
Gunung Gerizim
АММОН
Betel
Bet-horon
Yerikho
Gad
Ai
Gibeon
Gilgal
Zidim
Ekron
Yerusalem
Hesybon
Betlehem
Mount Nebo
Libna
Azeka
Lakhis
Gaza
Hebron
Laut Mati
Aroer
Debir
Moab

Edom

kepadamu. Tidak seorangpun dari mereka yang akan dapat bertahan menghadapi engkau." (Yosua 10:8).

Ketika Gibeon meminta bantuan, Allah berkata bahwa Ia menyertai orang Israel. Maka, mereka bergerak dengan sangat cepat sepanjang malam dan memberikan serangan kejutan melawan raja-raja orang Amori. Tentara sekutu orang Amori tidak dapat membalas dan dikalahkan. Mereka mulai melarikan diri dan Israel mengejar mereka.

Pada saat ini, Allah melakukan sesuatu yang luar biasa untuk bangsa Israel. Karena orang-orang Amori melarikan diri dari Gibeon dan sementara mereka berada di lereng Bet-Horon, hujan badai batu besar turun dari langit menimpa mereka.

Ketika batu-batu ini jatuh dari langit mereka akan memiliki kekuatan yang bertambah, dan meski besar mereka memiliki daya tahan gesekan yang kecil dan memiliki daya menghancurkan yang besar. Tidak hanya mengambil nyawa orang-orang, tetapi batu-batu tersebut dapat menghancurkan bangunan-bangunan.

Sedang mereka melarikan diri di depan orang Israel dan baru di lereng Bet-Horon, maka TUHAN melempari mereka dengan batu-batu besar dari langit, sampai ke Azeka, sehingga mereka mati. Yang mati kena hujan batu itu ada lebih banyak dari yang dibunuh oleh orang Israel dengan pedang. (Yosua 10:11).

Hal ini sendiri merupakan sesuatu yang benar-benar

luar biasa, tetapi mereka tidak dapat hanya berdiri dalam ketakjuban. Mereka harus mengejar kekuatan musuh yang masih tersisa. Jika malam datang, akan mudah bagi musuh untuk bersembunyi, maka mereka harus cepat-cepat menyelesaikan perang sementara matahari masih tinggi.

Mukjizat Matahari dan Bulan Berhenti

Hari hampir petang, dan mereka dapat melihat bulan di langit bagian selatan. Pada saat itu, Yosua menunjukkan iman yang besar untuk memenuhi perintah Allah.

Lalu Yosua berbicara kepada TUHAN pada hari TUHAN menyerahkan orang Amori itu kepada orang Israel; ia berkata di hadapan orang Israel: "Matahari, berhentilah di atas Gibeon dan engkau, bulan, di atas lembah Ayalon!" (Yosua 10:12).

Raja mana di bumi ini yang dapat mengendalikan matahari dan bulan? Daripada memerintahkan matahari atau bulan, orang Amori sebenarnya melayani matahari dan bulan sebagai dewa mereka dan menyembahnya!

Tetapi dengan bersandar kepada Allah yang mengendalikan segala sesuatu, Yosua memerintahkan matahari dan bulan di langit untuk berhenti, dan Allah menjamin perkataannya.

Maka berhentilah matahari dan bulanpun tidak

bergerak, sampai bangsa itu membalaskan dendamnya
kepada musuhnya. Bukankah hal itu telah tertulis
dalam Kitab Orang Jujur? Maka berhentilah matahari
ditengah angkasa dan dia tidak bergerak turun selama
kira-kira sepanjang hari. (Yosua 10:13).

Dengan pengetahuan umum manusia adalah mustahil bagi matahari dan bulan untuk berhenti tetapi tidak ada yang mustahil oleh kuasa Allah yang Mahakuasa.

Yesus berkata kepada murid-murid-Nya dalam matius 17:20, "Karena kamu kurang percaya. Sebab Aku berkata kepadamu: Sesungguhnya sekiranya kamu mempunyai iman sebesar biji sesawi saja kamu dapat berkata kepada gunung ini: Pindah dari tempat ini ke sana,—maka gunung ini akan pindah, dan takkan ada yang mustahil bagimu."

Tentu saja, Allah tidak ingin sekedar memindahkan gunung atau menghentikan matahari dan bulan setiap saat Dia merasa menginginkannya. Dia tidak dapat sekedar melanggar hukum dan peraturan alam di alam semesta yang bekerja dalam harmoni yang sempurna melalui penciptaan-Nya.

Tetapi jika hal itu diperlukan untuk menggenapi rencana Allah, dan jika ada anak-anak Allah yang menunjukkan iman rohani, Allah bahkan dapat melakukan hal-hal yang lebih besar dari pada menghentikan matahari dan bulan.

Mengenai perang ini, Yosua 10:14 berkata, *"Belum pernah ada hari seperti itu, baik dahulu maupun kemudian, bahwa TUHAN mendengarkan permohonan seorang manusia secara demikian,*

sebab yang berperang untuk orang Israel ialah TUHAN."
Yosua dan Israel sangat cepat mengalahkan Makeda, Libna, Lakhis, Eglon, Hebron, dan Debir, yang ada di bagian selatan dari Kanaan.

Yosua menewaskan mereka dari Kadesh-barnea sampai Gaza, juga seluruh tanah Gosyen sampai Gibeon. Semua raja ini dan negeri mereka telah dikalahkan Yosua sekaligus, sebab yang berperang untuk orang Israel ialah TUHAN, Allah Israel. (Yosua 10:41-42).

Ketika Yosua menggunakan pemikirannya sendiri dan melaksanakan teorinya sendiri dalam praktek, dia ditipu dan dia membuat kesalahan. Tetapi, ketika dia meminta nasihat Allah dan mematuhi kehendah-Nya, dia bahkan dapat memanifestasikan pekerjaan yang mengagumkan yaitu menghentikan matahari dan bulan.

Sama halnya, jika kita juga hanya memandang kepada Allah yang mahakuasa dan bergerak dalam iman dan dengan pengakuan iman yang positif, kita dapat dibimbing pada kemakmuran. Seperti yang Yesus janjikan dalam Markus 9:23, *"Jika Engkau dapat? Tidak ada yang mustahil bagi orang yang percaya!"* pekerjaan Allah yang tidak terbayangkan dapat terjadi melalui kita.

Saya berharap kita semua akan mempersenjatai diri kita dengan doa dan firman untuk mencari kehendak Allah dan menaatinya sehingga kita dapat selalu memuliakan Allah dalam hidup kita.

Bab 10

"Berikanlah Kepadaku Pegunungan"

- Kesetiaan Kaleb -

Yosua 14:10-12

⁓◯◯◯⁓

"Jadi sekarang, sesungguhnya TUHAN telah memelihara hidupku, seperti yang dijanjikan-Nya. Kini sudah empat puluh lima tahun lamanya, sejak diucapkan TUHAN firman itu kepada Musa, dan selama itu orang Israel mengembara di padang gurun. Jadi sekarang, telah berumur delapan puluh lima tahun aku hari ini; pada waktu ini aku masih sama kuat seperti pada waktu aku disuruh Musa; seperti kekuatanku pada waktu itu demikianlah kekuatanku sekarang untuk berperang dan untuk keluar masuk. Oleh sebab itu, berikanlah kepadaku pegunungan, yang dijanjikan TUHAN pada waktu itu, sebab engkau sendiri mendengar pada waktu itu, bahwa di sana ada orang Enak dengan kota-kota yang besar dan berkubu. Mungkin TUHAN menyertai aku, sehingga aku menghalau mereka, seperti yang difirmankan TUHAN."

Dalam proses menjalani bermacam-macam hal, Yosua dan bani Israel meningkatkan iman mereka dan melanjutkan untuk mengalahkan Tanah Kanaan. Setelah perang di bagian tengah Kanaan termasuk Yerikho, mereka mengalahkan kekuatan sekutu dari raja-raja dia bagian selatan. Tetapi mereka tetap harus mempersiapkan lebih banyak perang lagi.

Berita bahwa Israel telah menaklukkan bagian selatan Kanaan dengan kuasa Allah menyebar dengan sangat cepat kepada orang-orang di bagian utara. Betapa terkejut pastinya orang-orang Kanaan tersebut!

Sekarang mereka merasa sebuah kebutuhan besar bagi mereka untuk bersatu dalam melawan Israel. Di antara para pemimpin tersebut adalah Yabin, Raja Hazor. Hazor merupakan salah satu dari kota-kota terkuat. Raja mengirimkan pembawa pesan kepada negara-negara tetangganya dan membentuk kekuatan sekutu melawan Israel.

Perang di Bagian Utara Kanaan

Setelah hal itu terdengar kepada Yabin, raja Hazor, diutusnyalah orang kepada Yobab, raja Madon, dan kepada raja negeri Simron, kepada raja negeri Akhsaf, serta kepada raja-raja yang di sebelah utara, di Pegunungan, di Araba-Yordan di sebelah selatan Kinerot, di Daerah Bukit dan di tanah bukit Dor di sebelah barat, yakni raja-raja orang Kanaan di sebelah timur dan di sebelah barat, orang Amori, orang Het, orang Feris, orang Yebus di pegunungan dan orang Hewi di kaki gunung Hermon, di tanah Mizpa (Yosua 11:1-3).

Ketika mereka semua datang dengan tentara-tentara mereka, Jumlah mereka adalah seperti pasir di pantai. Terdapat juga banyak kuda dan kereta. Bangsa Israel telah berkelana di padang gurun untuk waktu yang lama dan mereka sampai sekarang juga telah menjalani berbagai perang. Mereka harus berdiri sendirian melawan kekuatan sekutu. Mereka mungkin telah menjadi gentar dan takut jika mereka bersandar pada tentara dan kekuatan mereka sendiri.

Tetapi pada waktu ini juga, Allah menjanjikan kemenangan bagi mereka dan membesarkan hati Yosua.

Lalu TUHAN berkata kepada Yosua: "Janganlah takut menghadapi mereka, sebab besok kira-kira waktu ini Aku menyerahkan mereka mati terbunuh semuanya kepada orang Israel. Kuda mereka haruslah kamu lumpuhkan dan kereta mereka haruslah kamu bakar dengan api." (Yosua 11:6).

Dengan janji akan kemenangan, Yosua dan tentara bangsa Israel mengadakan sebuah serangan kejutan tanpa keraguan apapun segera setelah mereka menerima firman Allah. Jika Israel memiliki keraguan dengan melihat pada kenyataan, mereka tidak akan maju dengan seberani itu.

Kekuatan sekutu telah berkemah di dekat air, dan meskipun mereka percaya dengan kekuatan militer mereka, mereka dilemparkan pada kebingungan besar. Meskipun Israel kalah dalam jumlah, tentara sekutu bukanlah lawan yang seimbang bagi orang Israel karena Allah beserta dengan mereka. Israel mengalahkan tentara sekutu orang Kanaan semuanya sekaligus tanpa meninggalkan seorang pun yang selamat. Seperti yang diperintahkan Allah, mereka melumpuhkan kuda-kuda mereka dan membakar kereta mereka dengan api.

Juga, mereka membakar kota Hazor yang besar, yang berfungsi sebagai pusat komando terpadu untuk kekuatan sekutu tersebut. Hal itu untuk membuat mereka tahu bahwa itu adalah hukuman dari Allah. Mereka kemudian juga mengalahkan kota-kota lain satu per satu. Inilah caranya mereka menyelesaikan peperangan besar lainnya.

Melanjutkan kemenangan di bagian tengah dan selatan Tanah Kanaan, mereka pergi untuk mengalahkan bagian utara, dan itu adalah akhir dari pasal yang sangat signifikan dalam mengalahkan Kanaan. Itu adalah saat dimana Israel mengambil Tanah Kanaan yang Allah telah janjikan kepada mereka.

Demikianlah Yosua merebut seluruh negeri itu sesuai dengan segala yang difirmankan TUHAN kepada

Musa. Dan Yosuapun memberikan negeri itu kepada orang Israel menjadi milik pusaka mereka, menurut pembagian suku mereka. Lalu amanlah negeri itu, berhenti dari berperang. (Yosua 11:23).

Penggenapan Janji Allah untuk Tanah Kanaan

Membutuhkan waktu lama sampai hari ini tiba. Allah berjanji kepada Abraham bahwa Dia akan memberi mereka Tanah Kanaan. Tetapi ratusan tahun telah berlalu sampai, akhirnya pada masa Musa, secercah penggenapan janji tersebut menjadi kelihatan. Bahkan setelah keluarnya bangsa Israel dari Mesir, terdapat masa empat puluh tahun kehidupan di padang gurun dan lebih dari tujuh tahun masa peperangan di bawah pimpinan Yosua sebelumnya akhirnya janji ini digenapi seluruhnya.

Allah menjanjikan mereka bahwa Dia akan memberi mereka negeri yang berlimpah dengan susu dan madu, tetapi ada suatu syarat. Hanya orang-orang yang percaya dan taat yang dapat menerima berkat dari janji Allah.

Sebagai contoh, Keluaran 15:26 berkata, *"Jika kamu sungguh-sungguh mendengarkan suara TUHAN, Allahmu, dan melakukan apa yang benar di mata-Nya, dan memasang telingamu kepada perintah-perintah-Nya dan tetap mengikuti segala ketetapan-Nya, maka Aku tidak akan menimpakan kepadamu penyakit manapun, yang telah Kutimpakan kepada orang Mesir; sebab Aku TUHAN-lah yang menyembuhkan engkau."*

Kita harus memberi hati yang sungguh-sungguh pada suara TUHAN Allah, melakukan apa yang benar dalam pandangan-Nya, memberi telinga pada perintah-perintah-Nya, dan memelihara semua undang-undang-Nya bagi kita supaya kita tidak memiliki keterlibatan dengan penyakit apapun. Seseorang harus memenuhi ukuran iman dari kondisi ini supaya janji Allah digenapi.

Agar bani Israel dapat memasuki Tanah Kanaan, mereka juga harus memiliki iman, dan untuk mereka memenuhi dan berpegang pada kondisi ini, Allah menunjukkan pada mereka banyak tanda-tanda dan keajaiban.

Meskipun demikian, generasi pertama dari masa Keluaran bangsa Israel dari Mesir tidak memiliki iman dan mereka semua kecuali Yosua dan Kaleb mati di padang gurun. Penggenapan janji Allah harus ditunda.

Tetapi generasi kedua dari masa Keluaran dari Mesir berbeda. Mereka memiliki kepastian iman dalam Allah dan menaati-Nya bersama-sama dengan Yosua. Akhirnya, mereka dapat mengambil negeri yang berlimpah susu dan madunya.

Seperti yang diperintahkan TUHAN kepada Musa, hamba-Nya itu, demikianlah diperintahkan Musa kepada Yosua dan seperti itulah dilakukan Yosua: tidak ada sesuatu yang diabaikannya dari segala yang diperintahkan TUHAN kepada Musa. (Yosua 11:15).

Yosua adalah penerus Musa. Dia menunjukkan kepercayaan penuh dan ketaatan total kepada Allah. Juga, bani Israel mengikuti Yosua, sehingga dengan demikian janji Allah dapat digenapi.

Menaklukkan Tanah oleh Masing-masing Suku

Tetapi mengalahkan Tanah Kanaan tidak berarti bahwa pekerjaan mereka telah selesai seluruhnya. Orang Israel telah mengambil alih Tanah Kanaan secara umum, tetapi tidak semua orang yang tinggal di tanah tersebut dihancurkan. Mereka masih harus menyingkirkan beberapa suku di berbagai bagian yang berbeda di tanah tersebut, dan mereka harus menetap untuk membuat tanah tersebut menjadi milik mereka sepenuhnya.

Ketika kita melihat pada sejarah, menaklukkan negara lain secara fisik tidak berarti bahwa semua peperangan telah benar-benar selesai dan terdapat kedamaian. Sering kali masih terdapat beberapa orang di sudut-sudut yang berbeda yang berusaha untuk mengambil kembali tanah mereka.

Yosua sekarang sudah tua dan masih terdapat banyak tanah yang harus diambil, dan Allah membuat jalannya perang benar-benar berbeda.

Allah memerintahkannya untuk membagi-bagi tanah tersebut kepada semua suku Israel, tidak hanya bagian-bagian yang telah dikalahkan tetapi juga bagian-bagian lain dari tanah tersebut yang masih perlu dikalahkan. Sampai saat ini, semua kaum Israel bertarung dalam peperangan sebagai satu kesatuan tetapi sejak saat ini, masing-masing suku harus mengalahkan tanah yang telah diberikan kepada mereka.

Maka, tugas untuk mengambil alih tanah mereka sekarang tergantung pada iman dari masing-masing suku Israel secara individu. Hasilnya akan berbeda-beda sesuai dengan seberapa besar iman rohani yang mereka tunjukkan dan seberapa besar mereka menaati kehendak Allah.

Dan pada saat ini, satu orang berdiri dan menanyakan haknya di hadapan semua kaum yang lain. Orang itu adalah Kaleb, anak Yefune.

Iman dan Kesetiaan Kaleb

Setelah mereka selamat dari Mesir, bangsa Israel mengirimkan dua belas orang pengintai untuk mengintai Tanah Kanaan di Kadesh-Barnea. Tetapi hanya dua diantara mereka yang membuat kesaksian iman yang positif.

Generasi pertama dari Keluaran dari Mesir telah menyaksikan banyak sekali pekerjaan Allah yang luar biasa, tetapi hanya karena beberapa laporan negatif dari sepuluh pengintai yang lain mereka mengeluh kepada Allah. Mereka semua mati di padang gurun dan hanya dua orang yang dapat masuk ke Tanah Perjanjian.

Salah seorang dari mereka adalah Yosua, pemimpin dari generasi kedua dari masa Keluaran dari Mesir, dan seorang lainnya adalah Kaleb.

Tetapi hamba-Ku Kaleb, karena lain jiwa yang ada padanya dan ia mengikut Aku dengan sepenuhnya, akan Kubawa masuk ke negeri yang telah dimasukinya itu, dan keturunannya akan memilikinya. (Bilangan 14:24).

Kaleb tidak pernah melupakan janji Allah yang telah diberikan kepadanya ketika dia berjalan melalui empat puluh tahun di padang gurun bersama dengan semua bani Israel. Dia tidak lupa bahkan saat dia berjuang dalam banyak peperangan di Kanaan selama tujuh tahun.

Seseorang mungkin dapat melupakan beberapa janji seiring dengan berjalannya waktu, tetapi Kaleb tidak pernah melupakan janji Allah yang dibuat kepadanya. Selama lebih dari empat puluh tahun dia selalu berdoa mengenai hal itu.

Dan ketika waktunya tiba untuk membagi-bagi Tanah Kanaan, dia menyebutkan janji Allah yang telah diberikan kepadanya dan meminta Yosua untuk memberikan tanah tersebut kepadanya.

Apa yang Kaleb minta bukan karena dia ingin mendapatkan sesuatu dengan menyebutkan semua yang telah dia lakukan dengan benar. Dia tidak berkata bahwa dia layak untuk mendapatkan sesuatu karena dia telah menjadi salah seorang pemimpin Israel bersama dengan Yosua, dan karena semua jasa-jasa yang telah dia lakukan dalam peperangan yang telah diikutinya.

Hal itu lebih merupakan kepada pengakuan imannya yang

menjadi semakin kuat selama masa pencobaan empat puluh tahun. Hal itu adalah ungkapan kesetiaannya bahwa dia mendedikasikan dirinya terlebih dulu.

Gua Makhpela dimana Abraham, Sarah, Ishak, dan Yakub dimakamkan berada di tanah Hebron yang dia minta untuk peroleh. Tempat itu adalah tempat yang sangat penting bagi mereka. Juga, tanah itu merupakan tanah dimana kedua belas pengintai Israel telah pergi. Bahkan lagi, tanah itu masih ditempati oleh orang Enak, dan mereka harus berjuang untuk mengambil tanah tersebut.

Orang Enak adalah orang-orang yang kuat. Mereka adalah orang yang digambarkan oleh salah seorang dari sepuluh pengintai yang dicatat sebagai, *"Juga kami lihat di sana orang-orang raksasa, orang Enak yang berasal dari orang-orang raksasa, dan kami lihat diri kami seperti belalang, dan demikian juga mereka terhadap kami."* (Bilangan 13:33). Kaleb tidak meminta sebuah tanah yang telah dikalahkan dan aman. Dia meminta tanah Hebron yang telah Allah janjikan untuk diberikan kepadanya, meskipun dia harus melewati pertempuran yang sulit sekali lagi untuk mendapatkannya.

Jadi sekarang, sesungguhnya TUHAN telah memelihara hidupku, seperti yang dijanjikan-Nya. Kini sudah empat puluh lima tahun lamanya, sejak diucapkan TUHAN firman itu kepada Musa, dan selama itu orang Israel mengembara di padang gurun.

Jadi sekarang, telah berumur delapan puluh lima tahun aku hari ini; pada waktu ini aku masih sama kuat seperti pada waktu aku disuruh Musa; seperti kekuatanku pada waktu itu demikianlah kekuatanku sekarang untuk berperang dan untuk keluar masuk.

Oleh sebab itu, berikanlah kepadaku pegunungan, yang dijanjikan TUHAN pada waktu itu, sebab engkau sendiri mendengar pada waktu itu, bahwa di sana ada orang Enak dengan kota-kota yang besar dan berkubu. Mungkin TUHAN menyertai aku, sehingga aku menghalau mereka, seperti yang difirmankan TUHAN. (Yosua 14:10-12).

Ketika dia dipilih sebagai salah seorang pengintai dan dia melangkah dalam tanah perjanjian yang diberkati dengan kebun anggur, ara, dan delima yang luar biasa, dia pasti memiliki sebuah hati yang lain dengan yang lain. Juga, dia tidak dapat menahan kemarahan yang benar ketika dia melihat pengintai yang lain membuat laporan negatif di Kadesh-Barnea. Dia berkata, "Mengapa engkau nenentang Allah! Allah bersama-sama dengan kita!" dan dia berteriak mengoyakkan jubahnya, tetapi teriakannya tidak dapat didengar karena teriakan keluhan bangsa Israel.

Kaleb harus melalui periode penderitaan yang lama, karena orang-orang yang tidak taat kepada Allah, tetapi sepanjang periode tersebut dia menyimpan dalam hatinya gambaran negeri yang melimpah susu dan madunya tersebut. Dia sekarang sudah tua, tetapi dia tetap memegang janji Allah tersebut dalam hatinya selama empat puluh tahun tersebut. Itulah sebabnya dia ingin mengambil daerah Hebron, yang memiliki dataran yang berbukit-bukit dan sangat sulit untuk dikalahkan, untuk meringankan beban Yosua.

Apa yang dirasakan Yosua pada saat ini? Kaleb adalah rekannya yang paling hebat dan merupakan teman di dalam iman. Dia telah bekerja sama dengan Kaleb sejak masa Keluaran dari Mesir. Dia juga merupakan salah seorang dari tua-tua Israel sekarang, dan dia layak untuk dihormati dan dan diberi hadiah. Karenanya, ketika Yosua mendengar bahwa Kaleb ingin pergi ke daerah pegunungan yang dimana bahkan para pejuang muda tidak ingin pergi, dia pasti telah sedikitnya ragu-ragu untuk membiarkannya pergi.

Namun pada sisi yang lain, dia pastinya telah dijamah oleh tingkah laku Kaleb yang mencoba untuk menggenapi firman Allah dengan mengambil bagiannya. Yosua mengerti Kaleb lebih baik dari pada orang lain, dan seperti yang Allah janjikan dia memberikan pada Kaleb tanah Hebron. Kaleb mengalahkan orang Enak dan mengambil tanah mereka yang subur sebagai bagian yang akan bertahan sampai generasi seterusnya. Dengan cara ini dia menunjukkan sebuah contoh iman di hadapan bangsa Israel. Pembagian tanah tersebut dimulai dengan cara ini, dimulai dari Kaleb.

Bab 11

"Kamu Akan Memilikinya"

- Pembagian Tanah Kanaan -

Yosua 17:15-18

❦

Jawab Yosua kepada mereka: "Kalau engkau bangsa yang banyak jumlahnya, pergilah ke hutan dan bukalah tanah bagimu di sana di negeri orang Feris dan orang Refaim, jika pegunungan Efraim terlalu sesak bagimu." Kemudian berkatalah bani Yusuf: "Pegunungan itu tidak cukup bagi kami, dan semua orang Kanaan yang diam di dataran itu mempunyai kereta besi, baik yang diam di Bet-Sean dengan segala anak kotanya maupun yang diam di lembah Yizreel." Lalu berkatalah Yosua kepada keturunan Yusuf, kepada suku Efraim dan suku Manasye: "Engkau ini bangsa yang banyak jumlahnya dan mempunyai kekuatan yang besar; tidak hanya satu bagian undian ditentukan bagimu, tetapi pegunungan itu akan ditentukan bagimu juga, dan karena tanah itu hutan, haruslah kamu membukanya; kamu akan memilikinya sampai kepada ujung-ujungnya, sebab kamu akan menghalau orang Kanaan itu, sekalipun mereka mempunyai kereta besi dan sekalipun mereka kuat."

Untuk bangsa Israel, pembagian jatah tanah milik pusaka mereka memiliki arti yang penting. Mereka menderita perbudakan di Mesir selama empat ratus tahun, berkelana berkeliling di padang gurun selama empat puluh tahun, dan kemudian melalui tujuh tahun peperangan yang sulit. Setelah semua ini mereka sedang menerima buah dari semua penderitaan itu. Sekarang mereka akan mendapatkan tanah air dimana mereka dapat hidup dalam damai dengan keluarga mereka.

Pengecualian dalam Pembagian Milik Pusaka

Masing-masing kaum Israel pergi ke hadapan Allah dan menerima tanah di bagian barat Sungai Yordan sebagai milik pusaka mereka, dengan sejumlah pengecualian.

Yang pertama, Suku Ruben, Suku Gad, dan setengah dari suku Manasye telah menerima warisan mereka sebelum mereka menyeberangi Sungai Yordan. Tanah di bagian timur Sungai Yordan cocok untuk mengembangbiakkan hewan ternak mereka, dan mereka meminta Musa untuk memberikan tanah itu kepada mereka.

Tentu saja, mereka berjanji bahwa mereka akan berpartisipasi dalam mengalahkan sisa Tanah Kanaan di tanah bagian barat Sungai Yordan. Mereka membuat sebuah sumpah bahwa mereka akan berperang di garis depan dan tidak akan kembali ke rumah mereka sampai semua suku Israel telah menerima milik pusaka mereka.

Lagi kata mereka: "Jika kami mendapat kasihmu, biarlah negeri ini diberikan kepada hamba-hambamu ini sebagai milik; janganlah kami harus pindah ke seberang sungai Yordan." (Bilangan 32:5).

Tetapi kami sendiri akan mempersenjatai diri dan dengan bersegera kami akan berjalan di depan orang Israel, sampai kami membawa mereka ke tempatnya; sementara itu anak-anak kami akan tinggal dalam kota-kota yang berkubu oleh karena penduduk negeri ini; kami tidak akan pulang ke rumah kami, sampai setiap orang Israel memperoleh milik pusakanya. (Bilangan 32:17-18).

Meninggalkan keluarga, hewan ternak, dan memiliki bagian timur dari Sungai Yordan, orang-orang yang dapat bertarung dalam peperangan menyeberangi Sungai Yordan dan bertarung di bagian depan peperangan dengan bani Israel sampai perang mengalahkan orang Kanaan selesai. Ketika peperangan selesai, mereka dapat kembali ke milik pusaka mereka di tanah bagian timur Sungai Yordan.

Juga, di antara kedua belas suku, suku Lewi tidak menerima tanah milik pusaka apapun karena mereka adalah imam-imam Allah. Tetapi suku bani Yusuf lebih sejahtera dibandingkan suku-suku lainnya dengan berkat Allah, dan keturunan dua anak Yusuf bani Efraim dan bani Manasye menerima milik pusaka mereka sendiri-sendiri. Sebagai kesimpulannya, suku Lewi tidak dimasukkan, dua setengah suku menerima milik pusaka mereka di tanah bagian timur Sungai Yordan, dan sembilan setengah suku lainnya menerima milik pusaka di bagian barat Sungai Yordan. Tentang metode penjatahan dan pembagian tanah tersebut, Allah telah memberikan prinsip-prinsipnya kepada Musa.

Kepada yang besar jumlahnya haruslah engkau memberikan milik pusaka yang besar dan kepada yang kecil jumlahnya haruslah engkau memberikan milik pusaka yang kecil; kepada setiap suku sesuai dengan jumlah orang-orangnya yang dicatat haruslah diberikan milik pusaka. Tetapi tanah itu harus dibagikan dengan membuang undi; menurut nama suku-suku nenek moyang mereka haruslah mereka mendapat milik pusaka. (Bilangan 26:54-55).

Wilayah tanah yang diberikan kepada masing-masing suku ditentukan berdasarkan jumlah orang-orangnya, tetapi mereka

Pembagian Tanah Kanaan di antara Kedua belas Suku

Asyer

Manasye

Naftali

Danau Galilea

Zebulon

Isakhar

Manasye

Gad

Efraim

Dan

Benyamin

Ruben

Yehuda

Laut Mati

Simeon

harus menentukan bagian mana dari tanah tersebut yang akan diberikan dengan membuang undi. Hal ini merupakan metode yang paling adil sehingga tidak akan ada konflik diantara suku-suku tersebut. Dengan membuang undi mereka memiliki kesempatan yang sama untuk menerima tanah yang baik.

Juga, bani Israel memiliki iman bahwa hasil pembuangan undi bukanlah kebetulan, tetapi itu merupakan kehendak Allah (Amsal 16:33). Ketika Akhan melakukan sebuah dosa, mereka menemukannya diantara lebih dari dua juta orang dengan cara membuang undi.

Keluhan-keluhan dan Perkataan-perkataan Tidak Percaya dari Suku Yusuf

Tetapi ada sebuah masalah sementara mereka sedang membagikan tanah dengan cara membuang undi. Suku Yusuf menuntut bahwa mereka seharusnya menerima milik pusaka yang lebih besar dibandingkan suku-suku yang lain karena mereka telah menjadi dua suku dengan berkat Allah.

Berkatalah bani Yusuf kepada Yosua, demikian: "Mengapa engkau memberikan kepadaku hanya satu bagian undian dan satu bidang tanah saja menjadi milik pusaka, padahal aku ini bangsa yang banyak jumlahnya, karena TUHAN sampai sekarang memberkati aku?" (Yosua 17:14).

Pada kenyataannya milik pusaka diberikan kepada mereka tidaklah kecil bila dibandingkan dengan suku-suku lainnya. Milik pusaka mereka adalah tanah subur yang terbentang luas di bagian tengah Kanaan. Tetap saja, mereka mengeluh bahwa mereka seharusnya memperoleh lebih banyak milik pusaka dibandingkan yang mereka peroleh.

Jawab Yosua kepada mereka: *"Kalau engkau bangsa yang banyak jumlahnya, pergilah ke hutan dan bukalah tanah bagimu di sana di negeri orang Feris dan orang Refaim, jika pegunungan Efraim terlalu sesak bagimu."* (Yosua 17:15). Pada dasarnya dia berkata kepada mereka bahwa jika mereka tidak memiliki wilayah yang cukup untuk ditanami, mereka harus memperluas wilayah mereka dengan cara membuka sendiri tempat yang lebih luas untuk diri mereka sendiri.

Tetapi lagi-lagi kali ini, bani Yusuf tidak taat. Mereka berkata bahwa bahkan jika mereka membuka hutan milik pusaka mereka masih terlalu kecil untuk mereka. Mereka menuntut lebih banyak tanah yang baik. Mereka ingin mendapatkan sesuatu yang baik tanpa ingin bekerja untuk mendapatkannya. Mereka juga ingin dilayani karena mereka sekarang merupakan sebuah suku yang besar.

Karena mereka telah diberkati Allah untuk menjadi sebuah suku yang besar, mereka seharusnya memimpin suku-suku lain karena Kaleb telah berhasil mengalahkan dan menaklukkan tanag yang sulit untuk dikalahkan. Tetapi meskipun demikian, mereka hanya mengeluh tanpa mengambil inisiatif untuk melakukan sesuatu.

Kemudian berkatalah bani Yusuf: "Pegunungan itu tidak cukup bagi kami, dan semua orang Kanaan yang diam di dataran itu mempunyai kereta besi, baik yang diam di Bet-Sean dengan segala anak kotanya maupun yang diam di lembah Yizreel." (Yosua 17:16).

Bahkan, mereka membuat sebuah pernyataan kurangnya iman mereka dengan mengatakan kepada orang-orang yang tinggal di tanah tersebut bahwa mereka harus mengalahkan orang Kanaan yang mempunyai kereta besi. Mereka telah lupa mengapa mereka harus mengalami pencobaan di padang gurun selama empat puluh tahun.

Kemenangan-kemenangan mereka di bawah kepemimpinan Yosua merupakan serentetan mukjizat. Mereka tidak akan pernah bisa secara fisik seimbang dengan musuh-musuh mereka, tetapi mereka mengalahkan mereka semua dengan kuasa Allah. Tidak hanya kereta besi musuhnya, tetapi tidak peduli apapun jenis senjata yang dimiliki oleh musuh-musuh mereka, mereka tidak perlu takut sama sekali jika mereka percaya kepada Allah yang mahakuasa.

Mereka telah pernah taat dalam segala jenis situasi berbahaya, tetapi tiba-tiba mereka menjadi takut ketika Yosua menyuruh mereka untuk mengalahkan sendiri milik pusaka mereka.

Yosua terus-menerus meminta mereka untuk menunjukkan iman mereka ketika menunjukkan ide mereka yang salah. Dia menasehati mereka bahwa mereka akan mampu memperluas milik pusaka mereka dengan berkat Allah jika mereka menunjukkan iman mereka.

Tetapi bani Yusuf tidak mau menaati perkataan Yosua. Mereka tidak mampu sepenuhnya mengusir semua orang Kanaan yang tinggal di tanah milik pusaka mereka (Yosua 16:10, 17:12-13). Sebagai hasilnya, mereka harus menderita terus-menerus.

Kapan pun Israel menjadi lebih lemah, orang bukan Yahudi kemudian menyerang Israel.

Tetapi sebuah masalah yang lebih besar adalah bahwa Israel mulai berhubungan dengan budaya orang bukan Yahudi yang dilarang oleh Allah dan mereka melakukan dosa-dosa yang menyebabkan bangkitnya kemarahan Allah. Mereka membawa situasi yang sulit berulang lagi ke atas mereka karena mereka tidak menaati perintah Allah dengan iman yang teguh.

Allah yang mahakuasa yang telah bersama dengan Yosua tidak hanya Allah Yosua, tetapi juga Allah Israel. Hanya jika mereka menunjukkan iman mereka Allah dapat menunjukkan mereka pekerjaan yang sama yang telah Dia tunjukkan melalui Yosua. Allah menginginkan semua bani Israel untuk memiliki iman yang berani dan kuat seperti Yosua.

Milik Pusaka Yosua dan Suku Lewi

Semua suku-suku yang lainnya kecuali suku Lewi telah menerima tanah sebagai milik pusaka mereka baik di bagian barat dan timur Sungai Yordan, tetapi Yosua belum menerima satu pun milik pusakanya. Dia adalah seorang hamba Allah yang penuh kuasa dan pemimpin dari seluruh Israel, tetapi dia yang paling terakhir menerima milik pusaka.

Khususnya, milik pusaka yang dia terima ada di dekat Timnat-Serah di pegunungan Efraim. Tanah itu merupakan tanah yang terpencil sehingga dia harus membangun kembali kota tersebut (Yosua 19:49-50).

Yosua adalah seorang laki-laki dengan iman yang berani dan kuat, dan dia berada dalam posisi yang harus terlebih dulu dilayani. Tetapi sebaliknya dia melayani orang lain dan membuat pengecualian. Itulah mengapa dia telah diakui oleh Allah dan menjadi penerus Musa.

Setelah semua suku menerima milik pusaka mereka, suku Lewi datang ke hadapan Yosua dan menerima bagian mereka. Tetapi tidak seperti suku-suku yang lain, mereka tidak menerima tanah apapun sebagai milik pusaka mereka.

Bilangan 18:20 berkata, *"TUHAN berfirman kepada Harun: 'Di negeri mereka engkau tidak akan mendapat milik pusaka dan tidak akan beroleh bagian di tengah-tengah mereka; Akulah bagianmu dan milik pusakamu di tengah-tengah orang Israel.'"* Seperti yang disebutkan, milik pusaka dan bagian suku Lewi adalah Allah sendiri.

Suku Lewi memiliki tugas untuk memberikan korban kepada Allah dan menjaga Kemah Suci TUHAN. Mereka juga memiliki tugas untuk mengajar peraturan dan Hukum Taurat Allah kepada orang-orang (Ulangan 33:10).

Allah sendiri yang menjadi milik pusaka mereka sehingga mereka tidak akan mencemari hati mereka dengan hal-hal duniawi tetapi berkonsentrasi pada melayani Allah. Yaitu, dari pada memberi mereka tanah untuk mendapatkan tuaian darinya, Allah membiarkan mereka mendapatkan penghidupan mereka melalui persembahan persepuluhan dan berbagai persembahan-persembahan lain yang diberikan orang-orang kepada Allah.

Suku Lewi pada masa sekarang adalah para pendeta dan pekerja penuh waktu yang melayani gereja. Bahkan hari ini, sama seperti halnya dengan orang-orang yang bekerja di gereja, khususnya para pendeta tidak dapat menjadi pendeta atau berhenti sesuai keinginan mereka sendiri.

Semua pendeta adalah pelayan Allah dan mereka harus mempersembahkan seluruh hidup mereka kepada Allah. Oleh karena itu, mereka seharusnya tidak memiliki pekerjaan duniawi atau melakukan bisnis dengan keinginan untuk dunia. Mereka seharusnya berkonsentrasi pada pekerjaan Allah karena milik pusaka mereka hanyalah Allah sendiri. Dan supaya para pendeta dapat melakukan hal ini, gereja dan jemaat gereja harus mendukung para pendeta tersebut.

Meskipun suku Lewi tidak menerima tanah sebagai milik pusaka mereka, namun mereka masih menerima berbagai kota untuk ditinggali dan menggunakan lahan tersebut untuk memberi makan hewan ternak mereka. Mereka menerima kota-kota di antara masing-masing suku Israel, dan dengan cara ini mereka tinggal diantara semua suku Israel.

Sebagai hasilnya, dalam setiap wilayah pembagian di Israel, mereka memiliki sebuah kota suku Lewi. Hal ini berarti masing-masing suku dapat mendengar firman Allah dan mempelajarinya dari suku Lewi yang berada dekat dengan mereka. Dengan cara ini Allah telah merancang untuk orang-orang bangsa Israel untuk tinggal dekat dengan perintah-perintah Allah dalam setiap waktu.

Bab 12

"Tetapi Aku dan Seisi Rumahku,
Kami akan Beribadah kepada
TUHAN"

- Wasiat Terakhir Yosua -

Yosua 24:14-15

Oleh sebab itu, takutlah akan TUHAN dan beribadahlah kepada-Nya dengan tulus ikhlas dan setia. Jauhkanlah allah yang kepadanya nenek moyangmu telah beribadah di seberang sungai Efrat dan di Mesir, dan beribadahlah kepada TUHAN. Tetapi jika kamu anggap tidak baik untuk beribadah kepada TUHAN, pilihlah pada hari ini kepada siapa kamu akan beribadah; allah yang kepadanya nenek moyangmu beribadah di seberang sungai Efrat, atau allah orang Amori yang negerinya kamu diami ini. Tetapi aku dan seisi rumahku, kami akan beribadah kepada TUHAN!

Setelah tujuh tahun peperangan, Yosua mengalahkan semua raja orang Kanaan dan mengalahkan banyak kota di Tanah Kanaan, tetapi tidak semua orang Kanaan yang diusir keluar. Di sana masih terdapat banyak orang Kanaan yang tersebar di seluruh tanah tersebut, dan beberapa dari mereka bahkan mencoba untuk melawan Israel dengan kereta besi mereka. Tentu saja, kuasa Allah dapat mengusir mereka dengan segera, tetapi Allah membimbing orang Israel untuk menaklukkan Kanaan langkah demi langkah menurut pertumbuhan iman dan kepercayaan mereka kepada Allah. Lebih lagi, bahkan jika mereka telah mengusir semua orang Kanaan, adalah sulit bagi mereka untuk mempertahankan seluruh tanah tersebut sebelum mereka dapat secara total memenuhi tanah tersebut.

Ada kemungkinan serangan dari orang-orang lain untuk mengambil tanah yang kosong. Tanah tersebut dapat menjadi tandus tanpa adanya penduduk, dan hewan-hewan liar dapat berkuasa di tanah tersebut. Oleh karena itu, Allah berkata Dia akan mengusir orang Kanaan sedikit demi sedikit sampai kekuasaan Israel menjadi cukup kuat dalam jumlah untuk memenuhi Tanah Kanaan.

Aku tidak akan menghalau mereka dari depanmu dalam satu tahun, supaya negeri itu jangan menjadi sepi, dan segala binatang hutan jangan bertambah banyak melebihi engkau. Sedikit demi sedikit Aku akan menghalau mereka dari depanmu, sampai engkau beranak cucu sedemikian, hingga engkau dapat memiliki negeri itu. (Keluaran 23:29-30).

Meskipun akan membutuhkan waktu yang lama untuk menggenapi ini, masing-masing suku Israel harus berperang dan mengusir orang Kanaan yang masih tertinggal dalam jatah milik pusaka mereka.

Allah memberikan tanah milik pusaka kepada masing-masing suku dan menyuruh mereka untuk mengambilnya, dan Dia berjanji bahwa Dia akan mengusir orang-orang Kanaan tidak peduli betapa kuatnya mereka. Tetapi hasilnya akan berbeda tergantung seberapa beriman bangsa Israel tersebut mempercayai janji Allah dan bertindak sesuai dengan iman mereka tersebut.

Amanat Perpisahan dari Pemimpin Yosua

Masing-masing suku yang menerima milik pusaka masing-masing mulai mengambil tanah mereka sesuai dengan iman dan kekuatan mereka. Berdasarkan pada apa yang telah mereka pelajari dari Yosua, beberapa dari mereka meminta nasehat Allah atau memiliki strategi pribadi untuk maju ke dalam

Tanah Kanaan lebih dan lebih lagi.

Semasa waktu telah berlalu dan Yosua tahu bahwa dia telah tua dan sisa waktunya pendek sebelum waktu kematiannya. Dia sekarang merasa perlu untuk mengingatkan bangsa Israel akan janji Allah sekali lagi sehingga mereka dapat meneguhkan kembali iman mereka. Sama seperti yang Musa lakukan ketika dia akan kembali kepada Allah, Yosua memanggil semua orang Israel untuk berkumpul, para tua-tua mereka dan kepala-kepala mereka dan hakim-hakim mereka dan para pekerja mereka, dan memberikan perkataan nasehat terakhirnya.

Amanat perpisahannya ditulis dari Yosua 23:1 sampai seterusnya. Dalam penyajian terakhirnya, dia memberitahu mereka untuk memelihara perintah-perintah Allah, tetap dekat dengan-Nya, dan mengasihi-Nya tanpa ada perubahan pikiran.

Kuatkanlah benar-benar hatimu dalam memelihara dan melakukan segala yang tertulis dalam kitab hukum Musa, supaya kamu jangan menyimpang ke kanan atau ke kiri, dan supaya kamu jangan bergaul dengan bangsa-bangsa yang masih tinggal di antaramu itu, serta mengakui nama allah mereka dan bersumpah demi nama itu, dan beribadah atau sujud menyembah kepada mereka. Tetapi kamu harus berpaut pada TUHAN, Allahmu, seperti yang kamu lakukan sampai sekarang. (Yosua 23:6-8).

Sampai waktu itu Allah menyertai Yosua dan memberi Israel

kemenangan-kemenangan luar biasa. Allah menjanjikan bahwa Dia akan mengalahkan semua musuh, tidak perduli betapa kuatnya mereka, dan memberikan bangsa Israel seluruh tanah Kanaan jika Israel mengasihi Allah, berpegang teguh kepada-Nya, dan menjaga perintah-perintah-Nya.

Satu orang saja dari pada kamu dapat mengejar seribu orang, sebab TUHAN Allahmu, Dialah yang berperang bagi kamu, seperti yang dijanjikan-Nya kepadamu. Maka demi nyawamu, bertekunlah mengasihi TUHAN, Allahmu. (Yosua 23:10-11).

Yosua juga mengingatkan mereka sekali lagi mengenai berhubungan dengan orang bukan Yahudi dan konsekuensi dari kembali melakukan hal yang lama dalam iman, melupakan janji Allah, dan menyembah berhala.

Sebab jika kamu berbalik dan berpaut kepada sisa bangsa-bangsa ini yang masih tinggal di antara kamu, kawin-mengawin dengan mereka serta bergaul dengan mereka dan mereka dengan kamu, maka ketahuilah dengan sesungguhnya, bahwa TUHAN, Allahmu, tidak akan menghalau lagi bangsa-bangsa itu dari depanmu. Tetapi mereka akan menjadi perangkap dan jerat bagimu, menjadi cambuk pada lambungmu dan duri di matamu, sampai kamu binasa dari tanah yang baik ini, yang telah diberikan kepadamu oleh TUHAN, Allahmu.

(Yosua 23:12-13).

Sebuah Waktu Resolusi yang Hikmat di Sikhem

Yosua akhirnya mengumpulkan orang-orang tersebut di Sikhem, antara Gunung Ebal dan Gunung Gerizim dimana mereka menyatakan perkataan berkat dan kutuk, untuk memiliki sebuah waktu resolusi yang khimad.

Pertama, Yosua mengingatkan mereka akan kesetiaan Allah yang telah menggenapi janji-Nya yang Dia berikan kepada Abraham, dan kemahakuasaan Allah yang telah mengalahkan kekuatan Mesir dan tujuh suku Kanaan.

Jika melayani TUHAN Allah tampaknya tidak benar dalam pandangan mereka, maka dia meminta mereka untuk memilih allah mana yang akan mereka layani. Dia menuntut mereka sekali lagi untuk takut akan Allah sendiri dan melayani-Nya dengan ketulusan dan kebenaran (Yosua 24:2-14).

Yosua memanggil untuk ketetapan hati mereka untuk membuang semua berhala dan setia memelihara hanya perintah-perintah Allah.

Tetapi jika kamu anggap tidak baik untuk beribadah kepada TUHAN, pilihlah pada hari ini kepada siapa kamu akan beribadah; allah yang kepadanya nenek moyangmu beribadah di seberang sungai Efrat, atau allah orang Amori yang negerinya kamu diami ini. Tetapi aku dan seisi rumahku, kami akan beribadah kepada TUHAN. Lalu bangsa itu menjawab: "Jauhlah dari pada kami meninggalkan TUHAN untuk beribadah kepada allah lain!" Kemudian berkatalah Yosua kepada bangsa itu: "Kamulah saksi terhadap kamu sendiri, bahwa kamu telah memilih TUHAN untuk beribadah kepada-Nya." Jawab mereka: "Kamilah saksi!" (Yosua 24:15-16, 22).

Karena Yosua dengan teguh berkata, "Tetapi aku dan seisi rumahku, kami akan melayani TUHAN," bani Israel juga tidak ragu-ragu bernazar sekali lagi, "Kami akan melayani TUHAN Allah kami dan kami akan menaati suara-Nya."

Pada hari itu juga Yosua mengikat perjanjian dengan bangsa itu dan membuat ketetapan dan peraturan bagi mereka di Sikhem. (Yosua 24:25).

Setelah Yosua mengikat perjanjian, dia sekali lagi mengajar mereka perintah-perintah Allah untuk melayani TUHAN. Dia mengambil sebuah batu yang besar dan menyusunnya sebagai bukti. Kemudian dia membubarkan orang-orang tersebut, masing-masing ke milik pusakanya. Setelah ini, Yosua dengan tenang mengakhiri hidupnya yang beriman dan keinginan hati yang sungguh-sungguh, pada usia 110 tahun.

Epilog
– Menaklukkan Negeri yang Berlimpah dengan Susu dan Madu –

Kemenangan oleh Iman, Ketaatan, dan Kesetiaan

Sampai sekarang kita telah melihat pada proses orang Israel memasuki Tanah Perjanjian Kanaan. Allah membuat sebuah bangsa yang besar dari satu orang, dan kita dapat melihat masing-masing langkah dari proses ini sangat tepat dan akurat. Sejarah mengalahkan Tanah Kanaan ditulis dengan rinci dalam lima kitab Keluaran, Imamat, Bilangan, Ulangan, dan Yosua. Keluaran menulis tentang kelahiran Musa dan permulaan masa Keluaran dari Mesir. Kitab Imamat berisi hati Allah yang ingin anak-anak-Nya menjadi kudus dan suci.

Kitab Bilangan menulis tentang ketabahan Allah yang tetap bertahan dengan orang-orang Israel tersebut bahkan ketika mereka tidak taat dan memberontak di padang gurun. Ulangan berisi pengajaran Musa yang mengkotbahkan firman Allah pada tiga waktu yang berbeda di dataran Moab. Terakhir, kitab Yosua berisi sejarah tentang generasi kedua dari sejak Keluaran dari Mesir yang mengalahkan Tanah Kanaan dengan Yosua, penerus Musa.

Jika sejarah mengalahkan Kanaan dapat dimasukkan dalam satu frase, itu adalah, "Dengan iman, ketaatan, dan kesetiaan." Mereka dapat memperoleh Tanah Kanaan ketika mereka melihatnya dan bergerak maju kedalamnya dengan iman. Yosua dan Kaleb percaya pada janji Allah dan mengabdikan diri mereka sendiri dengan seluruh hidup mereka. Perbuatan mereka berasal dari iman dan ketaatan. Dalam proses tersebut, Allah ingin bani Israel untuk menjadi kudus dan suci. Gerakan penyucian terlihat berulang-ulang dalam langkah menuju Tanah Kanaan.

Ketika Allah pertama kali memanggil Musa, Dia menyuruhnya untuk melepaskan kasutnya. Hal secara rohani melambangkan bahwa dia harus membuang dosa dan kejahatan. Ketika Allah memberikan Hukum Taurat-Nya kepada orang-orang melalui Musa, Dia pertama-tama ingin mereka menyucikan diri mereka sendiri.

Ketika mereka akan menyeberangi Sungai Yordan, Allah membuat mereka menyucikan diri mereka sendiri. Mereka harus menyunat diri mereka sendiri sesaat sebelum perang melawan kota Yerikho. Allah ingin memiliki anak-anak yang kudus, dan Allah dapat berjalan dengan mereka hanya ketika mereka kudus.

Karena itu haruslah kamu sempurna, sama seperti Bapa-Mu yang di surga adalah sempurna. (Matius 5:48).

Tetapi hendaklah kamu menjadi kudus di dalam seluruh hidupmu sama seperti Dia yang kudus, yang telah memanggil kamu, sebab ada tertulis: "Kuduslah kamu, sebab Aku kudus." (1 Petrus 1:15-16).

Mengalahkan Kanaan adalah sebuah Model Perjalanan Iman

Kemudian, apa alasan dari kelima kitab tersebut diantara 66 kitab lain dalam Alkitab mencatat sejarah tentang Israel mengalahkan Tanah Kanaan? Hal itu adalah karena mengalahkan Tanah Kanaan adalah sebuah model yang melambangkan perjalanan iman kita.

Bagi bani Israel yang baru saja keluar dari Mesir, Allah membelah Laut Teberau dan memberi mereka air dari sebuah batu dari sisi-Nya. Tetapi dengan berjalannya waktu, Allah mulai meminta dari mereka iman mereka sendiri. Yaitu, ketika mereka menyeberangi Sungai Yordan, Allah menyuruh mereka bahwa para iman harus membawa tabut perjanjian dan melangkah ke dalam Sungai tersebut.

Ketika mereka mengalahkan kota yang kuat Yerikho, Allah menyuruh mereka untuk mengelilingi kota tersebut sekali sehari selama enam hari. Kemudian mereka harus mengelilinginya sebanyak tujuh kali pada hari yang ketujuh, dan bersorak dengan suara yang nyaring. Ini adalah untuk melihat iman dan ketaatan mereka. Proses dimana masing-masing suku menerima milik pusaka mereka menunjukkan bahwa Allah bekerja sesuai dengan ukuran iman kita ketika kita bertumbuh dalam roh.

Kehidupan di bumi adalah kehidupan yang sementara waktu. Hidup yang adalah peperangan yang terus menerus melawan penguasa kegelapan dan roh-roh jahat di udara. Bahkan jika kita telah menerima berkat, kita harus membuat langkah kita teguh, dan ketika kita menyelesaikan sesuatu, kita harus menyelesaikan hal berikutnya. Proses ini akan terus berlanjut sampai kita masuk ke kerajaan sorga.

Bahkan hari ini, Allah memberikan kita banyak sekali janji berkat dalam Alkitab. Tuhan Yesus juga menjanjikan kita bahwa Dia akan mempersiapkan tempat tinggal di sorga dan datang kembali untuk membawa kita. Oleh karena itu, setiap orang yang percaya firman Allah dalam Alkitab dan bertindak dengan iman akan dibimbing pada jalan yang sejahtera dan diberkati. Dia juga akan menerima tempat tinggal yang indah dalam kerajaan sorga.

Oleh karena itu, bahkan jika terdapat rintangan di depan kita, kita harus memiliki hati yang tidak berubah untuk percaya dan yakin kepada Allah sepenuhnya tanpa tergoyahkan sedikit pun, seperti Yosua dan Kaleb.

Sekali janji Allah diberikan, kita sebaiknya mempercayainya

sampai akhir. Kita sebaiknya jangan menjadi letih atau menjadi malas di tengah-tengah, tetapi bergerak maju dengan iman sampai kita memperoleh buah yang banyak sekali.

Ibrani 3:14 berkata, *"Karena kita telah beroleh bagian di dalam Kristus, asal saja kita teguh berpegang sampai kepada akhirnya pada keyakinan iman kita yang semula."* Sebagaimana dikatakan, kita sebaiknya memiliki Yerusalem Baru sebagai tujuan akhir kita, dan bahkan jika kita melihat kelemahan kita dan bahkan jika terdapat kesulitan-kesulitan dalam jalan kita, pengharapan kita sebaiknya jangan pernah berubah.

Saya berdoa dalam nama Tuhan bahwa Allah akan selalu membimbing Anda pada berkat susu dan madu dan bahkan membuat Anda menikmati berkat yang kekal dalam kerajaan sorga.

Penulis
Dr. Jaerock Lee

Dr. Jaerock Lee dilahirkan di Muan, Propinsi Jeonnam, Republik Korea, pada tahun 1943. Pada umur dua puluhan, Dr. Lee menderita berbagai penyakit yang tidak tersembuhkan selama tujuh tahun dan menunggu kematian tanpa ada harapan untuk pulih. Pada suatu hari di musim semi tahun 1974, ia dibawa ke gereja oleh saudara perempuannya dan saat ia berlutut untuk berdoa, Allah yang Hidup menyembuhkannya dari semua penyakit.

Mulai saat itu Dr. Lee bertemu dengan Allah yang Hidup melalui pengalaman yang menakjubkan itu, ia telah mengasihi Allah dengan segenap hati dan ketulusan, dan pada tahun 1978 ia dipanggil untuk menjadi pelayan Allah. Ia berdoa dengan sangat sehingga ia dapat memahami kehendak Allah dan melakukannya dengan sepenuhnya, dan menaati semua Firman Allah tersebut. Pada tahun 1982, ia mendirikan Gereja Pusat Manmin di Seoul, Korea, dan tidak terhitung pekerjaan Allah, termasuk mukjizat dan penyembuhan ajaib, telah terjadi di gerejanya.

Pada tahun 1986, Dr. Lee ditahbiskan sebagai pendeta pada Pertemuan Tahunan dari Gereja Jesus' Sungkyul di Korea, dan empat tahun kemudian yaitu pada tahun 1990, khotbahnya mulai disiarkan ke Australia, Rusia, Filipina, dan banyak negara lain melalui *Far East Broadcasting Company, Asia Broadcast Station,* dan *Washington Christian Radio System.*

Tiga tahun kemudian yaitu pada tahun 1993, Gereja Pusat Manmin dipilih sebagai satu dari "50 Gereja Terkemuka Dunia" oleh majalah *Christian World* (AS) dan ia menerima Doktor Kehormatan Teologia dari Christian Faith College, Florida, AS, dan pada tahun 1996 sebuah gelar Ph.D dalam Pelayanan dari Kingsway Theological Seminary, Iowa, AS.

Sejak tahun 1993, Dr. Lee telah memimpin misi dunia melalui banyak

Kebaktian Kebangunan Rohani (KKR) luar negeri di AS, Tanzania, Uganda, Jepang, Pakistan, Kenya, Filipina, Honduras, India, Rusia, Jerman, Peru, Republik Demokrasi Kongo, Israel dan Estonia. Pada tahun 2002, ia disebut "pendeta seluruh dunia" oleh koran-koran Kristen utama di Korea untuk pekerjaannya dalam berbagai KKR Gabungan Akbar di luar negeri.

Pada bulan Mei 2012, Gereja Manmin Pusat memiliki kongregasi dengan jumlah jemaat lebih dari 120.000 orang. Ada 10.000 gereja cabang domestik dan luar negeri di seluruh dunia, dan sejauh ini telah mengirimkan 129 misionaris ke 23 negara, termasuk Amerika Serikat, Rusia, Jerman, Kanada, Jepang, Cina, Prancis, India, Kenya, dan banyak lagi.

Hingga tanggal penerbitan buku ini, Dr. Lee telah menulis 64 buku, termasuk buku laris *Merasakan Kehidupan Kekal Sebelum Kematian, Hidupku, Imanku I & II, Pesan Salib, Ukuran Iman, Surga I & II, Neraka,* dan *Kuasa Allah.* Tulisan-tulisannya telah diterjemahkan ke dalam lebih dari 73 bahasa.

Kolom-kolom Kristennya muncul di *The Hankook Ilbo, The JoongAng Daily, The Chosun Ilbo, The Dong-A Ilbo, The Munhwa Ilbo, The Seoul Shinmun, The Kyunghyang Shinmun, The Hankyoreh Shinmun, The Korea Economic Daily, The Korea Herald, The Shisa News,* dan *The Christian Press.*

Saat ini Dr. Lee adalah pemimpin dari banyak organisasi dan asosiasi misi: termasuk Komisaris dari *The United Holiness Church of Jesus Christ,* Presiden dari *Manmin World Mission;* Presiden Tetap dari *The World Christianity Revival Mission Association;* Pendiri dan Ketua Dewan dari *Global Christian Network* (GCN), Pendiri dan Ketua Dewan dari *The World Christian Doctors Network* (WCDN), serta Pendiri dan Ketua Dewan dari *Manmin International Seminary* (MIS).

Surga I & II

Sketsa mendetil tentang indahnya lingkungan hidup yang dinikmati oleh warga sorga pada tingkatan-tingkatan berbeda di kerajaan surga.

Hidupku Imanku I & II

Autobiografi Dr. Jaerock Lee yang memberikan aroma rohani yang paling wangi kepada para pembacanya, karena kehidupannya disarikan dari kasih Allah yang mekar dalam gelombang gelap, kuk yang dingin, dan keputusasaan paling mendalam.

Pesan Salib

Pesan kebangunan penuh kuasa bagi semua orang yang tertidur secara rohani! Di dalam buku ini Anda akan menemukan alasan mengapa Yesus menjadi satu-satunya Juru Selamat dan kasih sejati Allah.

Ukuran Iman

Tempat tinggal seperti apakah, serta mahkota dan upah yang bagaimana yang disediakan bagi Anda di surga? Buku ini memberikan dengan hikmat dan bimbingan bagi Anda untuk mengukur iman Anda dan menanam iman yang terbaik dan paling dewasa.

Neraka

Sebuah pesan yang sungguh-sungguh kepada seluruh umat manusia dari Allah yang tidak ingin satu jiwa pun jatuh ke kedalaman neraka! Anda akan menemukan kenyataan yang-belum-pernah-terungkap-sebelumnya mengenai Hades (dunia orang mati bagian bawah) dan neraka.